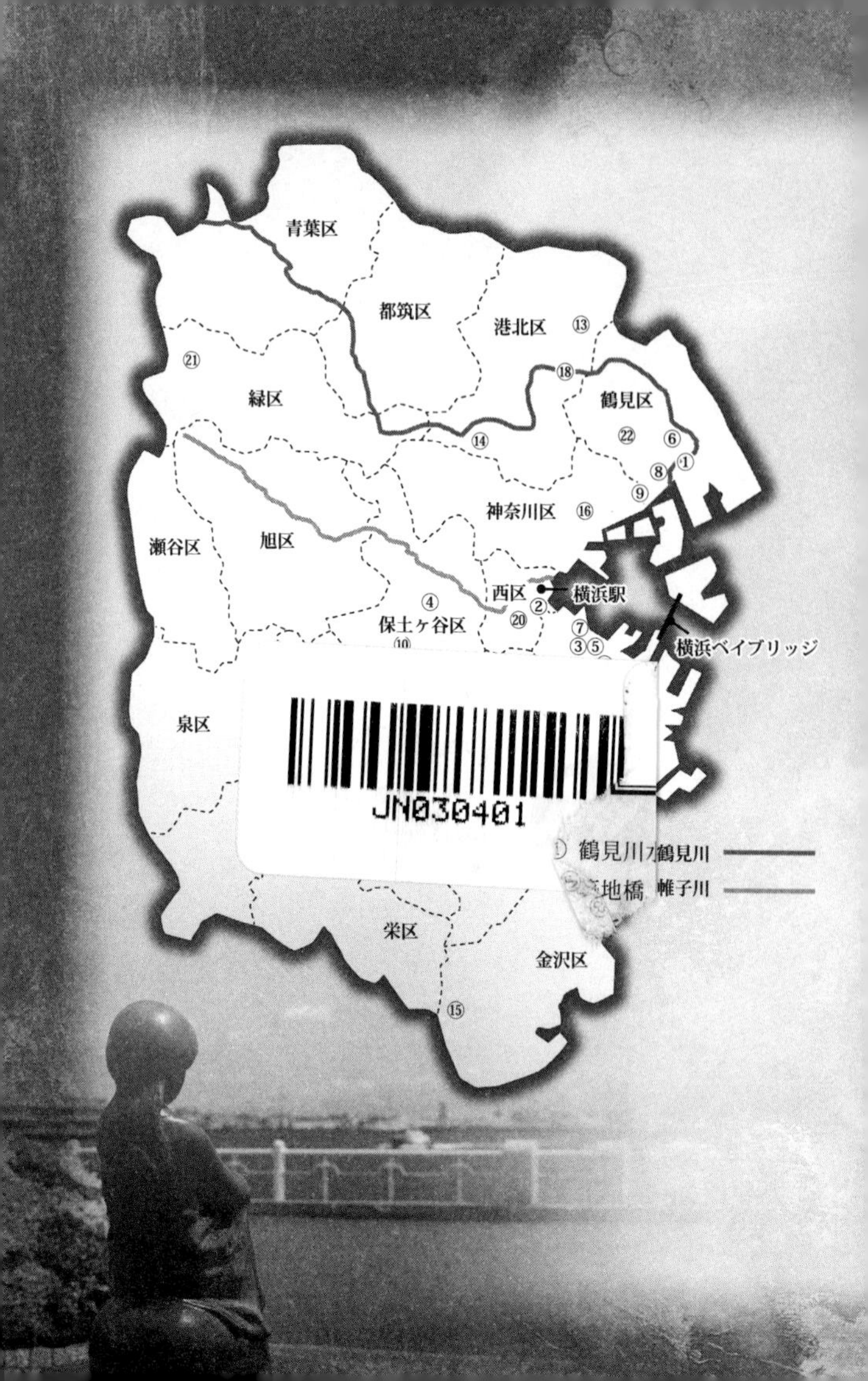

青葉区
都筑区
港北区
緑区
鶴見区
瀬谷区
旭区
神奈川区
西区
横浜駅
保土ヶ谷区
横浜ベイブリッジ
泉区
栄区
金沢区
鶴見川
帷子川

鶴見区

トンネルの女

鶴見区鶴見中央の川沿いに〈鶴見川水難者慰霊供養塔〉がある。

明治の初め頃、鶴見川には葦《あし》がたくさん生えていて、その繁みに水死体が入り込んでしまうと白骨になるまで見つからなかった。

市場村《いちばむら》では、こういった身元のわからない死体は無縁仏として共同墓地に埋葬していた。

この無縁墓を詣でた老婆の眼病が治ったことが噂となり、目の病に御利益があるとして、〈お骨さま〉と呼ばれて多くの参拝客を呼んだ。

その流行も下火となり、震災や堤防工事により墓は川に沈んでしまった。

水難者の霊は再び川に呑み込まれてしまったのである。

それからしばらく忘れられていたが、昭和五十五年、鶴見川橋下流に供養塔が建てられたのだという。

その供養塔から三百メートルほど歩くと、左に道が下がっていく。その先は京浜東北線や東海道本線の下を通る百メートルほどのトンネルになっている。

緩やかな浅いカーブになっており、入り口の上から蔓《つる》状の植物が垂れ下がって、昼間に通っても薄暗い。夜になるとオレンジ色のライトがつくが、いつも一箇所だけ切れていて、トンネルの真ん中あたりが異様に暗いのだ。

そこで、奇妙な女を目撃したという人たちがいる。

夕方。川沿いを通って帰途についていると、トンネルから髪の長い女性が一人で出てきた。

チラリと見て、「えっ」と二度見する。

トンネル前の勾配を上がってくる女性は、どう見ても後ろ向きだった。

かなりの速さの後ろ歩きである。

子どもではないので一人でふざけているのもおかしい。

変な人かな、それともこういうトレーニングがあるのかな、などと考えつつ、向かってくる女性を避けようと端に寄った。

なにかが、とても変だった。

歩き方は普通なのだ。ただ後ろ向きというだけだ。

でも、その普通さがどうも変なのだ。

すれ違った。

その瞬間、うわっ、となった。

違う。

後ろ向きではない。

女性の身体は前を向いている。

手足の向きも、腕の振り方や歩行の仕方も普通に歩いているのと変わらない。胸の起伏も前にある。

だが、顔だけが真後ろを向いているのだ。

長い髪を後ろから持ってきて顔の前に垂らし、そう見せているのか。

いや、そういう感じもしない。

はっきり見たわけではないが、女性の顔はしっかり真後ろを向いていたはずだという。

服装などは普通で、あまり印象に残っていないそうだ。

私は同じトンネルで別の目撃談も聞いている。

それもトンネルから一人で現れる女性で、口から「黒いもじゃもじゃしたもの」をはみださせているという。

目撃した方はこれを〈ひじきばばあ〉〈ひじき女〉と呼んでいた。

横浜駅近辺

築地橋と帷子川

横浜駅東口から徒歩三分の場所に〈築地橋《つきじばし》〉がある。

この橋に来ると急に耐え難い悲しみの感情に襲われ、川へ飛び込みたいという衝動に駆られるそうだ。

ここでは女性の霊が目撃されており、飛び込みたくなるのは彼女が誘《いざな》うからだという。失恋で悲観し、橋から飛び降りて自殺した人物らしく、現れる前兆として鈴の音が聞こえるという。

その手のスポットを紹介する書籍で偶《たま》に見かける怪談だが、あまり情報がない。

橋が自殺の名所とされることは珍しくはないが、そういう場所の多くは橋そのものではなく、その下を流れる川が影響しているのではないだろうか。

この場所に関しては、特にそういう印象を強く持ったのだ。

築地橋の下を流れるのは〈帷子川《かたびらがわ》〉である。

全長約十キロに及ぶ二級河川で、旭区上川井町若葉台付近の湧水を源流とし、保土ヶ谷《ほどがや》区南東を流れて、横浜港に流れ込む。

蛇行が激しく勾配が緩いので豪雨や高潮でたびたび氾濫し、鶴見川と同様に〈暴れ川〉と呼ばれており、たくさんの命を飲み込んでいる。

手元にある保土ヶ谷区の水害記録資料によると、昭和三十九年九月、狩野川《かのがわ》台風（台風二十二号）で死者十八名、家屋全壊五十七棟という被害が出ている。関東大震災では帷子川に大量の死体が浮かんで何日も放置されたままだったという記録がある。

だが、どの地域の川も歴史を遡《さかのぼ》れば多かれ少なかれ、死人の出る災害・事故は起きている。だが帷子川の記録を見ると、それどころの話ではなかった。

この川は昔から災害や転落事故に加え、自殺他殺が多く、相当な数の水死人を浮かべていたというのである。

だからなのか、水死体の扱いもぞんざいだった。水死体が浮かべば水上警察の管轄だが、処理に関しては沿岸にすむ住人の役割だった。それが面倒なので流れ着いた死体を向こう岸に押し流すのだが、向こう岸でも同じことを考えるので油断すると、さっき流した死体が岸にいるのだという。脹らんだ土座衛門《どざえもん》を押し付けあう光景は惨《むご》いものだ。

川の名の由来は諸説あるが、殊更《ことさら》、死を印象づける由来がある。名に〈帷子〉とついているが、これは死者の着る経帷子《きょう》——つまり、死装束のことであるというのである。

この川を挟んで多くの寺があったといわれ、死者は経帷子を着せられ、川向こうの寺へと流され、渡された。川は此岸《しがん》と彼岸《ひがん》の境。三途の川のように、渡ればもう戻ってはこられない、ということのようだ。

帷子川を流されて、此岸同士で押し付け合い、寺へも行けず、あの世へも行けず、流れ流れて海へと姿を消した死体もあっただろう。

横浜港に近い築地橋には、流れきらなかった死者の感情が未練のように引っ掛かり、溜まって溜まって、此岸に立つ人たちを恨んで引き込んでも、なんら不思議はない。

中区

亀の話

私は亀が好きである。父のあだ名が「カメ」だったという理由で実家には亀の置物がたくさんあるので、馴染みが深いというのもある。何年か前に、道でたまたま拾った一匹を今も大事に飼っているし、本書の担当編集からも一匹預かったこともあった。亀とは縁もあるらしい。岩の上で首を伸ばして空を見上げている姿は、縁側で日向ぼっこするおじいちゃんのようで、見ているだけで穏やかな気持ちになる。

私は亀に救われたことがあった。

本書の取材の折、日本野球発祥の地、横浜スタジアムのある横浜公園内へ訪れた時のことだ。

池に亀がいるのを見つけ、思わず駆け寄った次の瞬間、私の背後でバサッと音がした。私が通った場所に枝が落ちていた。当たれば無事では済まない太さと長さだったのでヒヤりとさせられた。偶然とはいえ、亀のおかげで直撃を免れたのである。

横浜公園には〈岩亀楼《がんきろう》〉の石灯籠《いしどうろう》がある。

市の設置した由緒書きによれば、公園一帯は入海だったが、埋め立てられて〈太田屋新田〉という農地となり、開港にともない更に埋め立てが進んで、港崎町《みよざきちょう》と命名、そこに〈港崎遊郭〉ができたという。

〈岩亀楼〉はそこに作られた最大規模の遊郭であり、国際社交場として栄えたそうだが、慶応二年、末広町の肉屋（豚屋）から出火した火事——横浜の三大大火の一つとされる〈豚屋火事〉によって、全遊郭とともに全焼した。

この火災により、四百名以上の遊女が焼死したとされている。

出入り口が一箇所しかないうえに、町の四方が堀で囲まれていたという。逃げられなかったのである。


横浜公園からいくらも離れていない、長者町。

ここは、亀が祟った地である。

常清寺《じょうせいじ》という寺院があった。

本堂前の池には何百という亀が泳いでいたというが、関東大震災で寺は全焼、亀たちは燃え盛る炎の中、崩壊した池の底で生き埋めとなった。

その後の復興事業により、池は完全に埋め立てられて跡形もなくなった。

この工事が災いしたらしい。

埋め立てを終えてまもなく、住職が急死した。

付近にある家のあちこちから死人が続々と出た。

不幸な事故も相次いだ。区画整理により拡張され、以前より安全になったはずの道で、ありえない怪我をする者が続出した。

住人たちは、亀たちの祟りだと恐れた。

常清寺の池にいた亀たちは朝夕、法華読誦《ほっけどくじゅ》の声を聞いていたはず。そんな彼らが焼けて生き埋めになったというのに、誰も慈悲の心を持たず、掘り出して救おうとはしなかった。

立て続けに起こる不幸は亀の祟りによるものだと、町内の青年団や軍人たちが池の跡地を掘り起こしてみると、無数の亀の死骸が現れ、これを供養することになった。

この町は幾度も焼かれてきた。

炎に呑まれ、逃げられなかった四百人以上の遊女たち。

災禍の中、池から逃げることができずに命果てた数百の池の亀たち。偶然にも似た運命を辿った両者は、まだこの地を呪っているのか。

常清寺は昭和十年に本堂が再建されるが、横浜大空襲でも焼けてしまい、現在は南区の清水ヶ丘に移されている。

中区

興行街の怪談　一

「ゆず」発祥の地である中区伊勢佐木町《いせざきちょう》。

二人のスターを生んだこの町の繁栄の裏に、また別の二人の人生が大きく関わっていることはあまり知られていない。

それを語るには伊勢佐木町という地名の由来を紐解く必要があるのだが、これには複数の説がある。その中の一つに、こんな怪談がある。

開港当初、このあたり一円は常に海水が浸水する、畑にもならない低地であった。

民家など一軒も建っておらず、あるのは寺くらいのものだった。

そんな悪状況の土地に、伊勢文蔵と佐々木次年の二名が興行場を開く計画を立てた。

明治五年から六年のことであるという。

彼らは多額の借金をし、吉田橋のあたり一帯を埋め立て、庶民が楽しめる場所を作ろうと明治七年に〈山中座〉という芝居小屋を開業する。

しかし、これがまったく客が入らない。

小屋を作ったのが寺の境内の中というのがいけなかった。

その寺――常清寺は水浸しの土地にあるため、「どぶでら」と呼ばれていた。

もちろん、客が訪れやすいようにしっかり整地はしていたが、問題はそこではなかった。

夜中になると、寺の墓地に幽霊が出たのである。

寝場所で騒ぐなと怒ったか、楽しそうだと現れたのか。

人々は恐れて一層、近づかなくなってしまった。

実入りも悪く、食べていくことのできない役者たちは皆、痩せ細っていた。墓地のそばで力なく演じる彼らの姿こそが死人のように見えたのか、人々は彼らを〈死人座〉と呼んで不吉がり、ますます不入りが続いた。

西区の久保山《くぼやま》墓地に共葬墓地ができ、寺の埋葬骨はすべて掘り起こされてそちらに移されたが、間に合わず。〈山中座〉はたった七ヶ月で廃座となってしまった。

二人の計画は失敗に終わってしまったのである。

佐々木年次は借金を苦に、川に身を投げて死ぬ。

伊勢文蔵も佐々木の後を追って死んでしまう。

しかし、非業の死を遂げた二人の想いがようやく届いたか、その後、町は次第に賑わいの気配を出し始める。

そして、この地に新たな町名をつけることとなり――。

町を盛り上げようと尽力した伊勢と佐々木。その名を町に残せば、彼らの霊も慰められるだろう。そんな役人たちの計らいから、ここは伊勢佐木町になったという。


芝居小屋が振るわず、その代わりに「悲劇の舞台」となってしまった常清寺は、昭和になってから南区に移転している。

墓地の遺骨についてだが、すべて共葬墓地に移された、ということだった。だが調べてみると、どうもそうではなかったようなのだ。

実際の墓地は、寺のあった長者町七丁目あたりから現在の伊勢佐木町までと広範囲に渡っていたらしく、かなりの移し漏れがあったことが考えられる。

昭和初期、野澤屋（後の松坂屋）の改築工事の際には、おびただしい量の人骨が出てきている。

中区

興行街の怪談　二

賑町《にぎわいちょう》という町があった。

伊勢佐木町の礎となった二人が借金をしてまで埋め立てた、泥濘《でいねい》だらけの土地に生まれた町の一つである。

明治十三年、そこに賑座という劇場が開場した。

賑座の前の細い横町には三軒長屋があった。一棟の建物を三軒分に仕切った長屋であり、ここには賑座の会計人、同座の花形、そして活動写真館〈錦輝館《きんきかん》〉の弁士（無声映画の解説者）である大川という人物が住んでいた。

三月五日のことだった。

大川が二階の寝室で眠っていると、夜更けになってから急に、胸に大きな石でも載っているような重みを感じて目が覚めた。

だが、胸の上には何も載っていない。
気のせいかと再び眠ろうとするが、どうも目が冴えてしまって寝付けない。
ふと見ると、枕元にしょんぼりと誰かが座っている。
家族ではない。泥棒か？　それにしては落ち着いているが……。
まさか、幽霊。
ゾッとする。
布団に潜り込んだ大川は、震えながら夜を明かした。
彼が長屋に引っ越してきてから、四ヶ月後の事だったという。

また今夜も出るのではないか。
大川は心配したが、翌晩からは何事も起きなかった。
だが、翌月の五日の夜、また怪しい人影が彼の枕元に現れた。
二度目ともなると少しは度胸がつくのか、よく見てやろうと思った。
座っているのは六十歳くらいの男だった。ぼんやりとした見え方である。
次の夜からは、またしばらく出なかった。

現れたのは、翌月の五日。

老人の幽霊はなぜか、毎月五日の夜に現れる。

ならば、次に現れる日はもうわかる。


次の月の五日、大川は同じく弁士の富岡という人物をこの部屋に泊まらせた。

やはり老人の幽霊は現れたという。

流石に恐ろしくなった大川は引っ越してしまった。

この三軒長屋は以前から幽霊が出るという噂があったらしく、弁士や役者たちのあいだでしばらく話題になっていたそうだ。

保土ヶ谷区

棟木怪談

芝居小屋にまつわる話は何も華やかな興行街だけにかぎらない。

保土ヶ谷区星川の星川杉山神社は昭和以前、繁茂する木々が境内全体を真四角に囲む重箱のような姿で、〈杉山大明神の重箱山〉と親しまれていた。

神社には大きな一本の檜《ひのき》の神木があった。

同地にある日蓮宗法性寺《ほっしょうじ》がこれを祭祀していたのだが、ある時、この檜を譲ってほしいという者が寺に現れた。芝居小屋を建てる話が持ち上がっており、棟木《むなぎ》にするための適当な木を探しているので、金に糸目はつけないからぜひ譲ってほしいとのことだった。

住職は二つ返事で承諾したという。

翌日、作業人らがきて檜は伐り倒された。

帷子川から海を渡って運ばれ、芝居小屋の棟木となった。

だが、それから夜になると、神社内では奇妙なことが起きだした。

誰もいない場所から木を伐る音や木が倒される音が聞こえ、恐ろしい悲鳴が夜の神社内に大きく響き渡った。

住職の夢には神木の霊が現れ、恨み言を延々と吐かれる。

そんな日々が続き、いよいよ住職は病床についてしまう。


一方、芝居小屋のほうだが、なかなか立派なものが完成していた。

そして、初のお披露目興行の日を迎える。

役者の四代目・團之助《だんのすけ》が舞台で芸を演じだした時だった。

彼のなめらかな語りと動きがピタリと止まり、

「我は杉山宮の神木なり、あら恨めしや、口惜しや」

突然、台詞《せりふ》にないことを大声で口走りだした。

その顔は、目が吊り上がって恐ろしい表情に変わっていた。

團之助は大狂乱の状態となった。

完全に壊れた言動を繰り返した末、舞台の上で狂い死んだ。

観客たちは騒然とするばかりであった。

後に座方の遣いが杉山神社にやってきて代わりの神木を植え、檜の伐採地で弔いをしたという。

現在、神社境内に大きな欅《けやき》が神木として植えられている。

それが檜の代わりとなったものかはわからなかった。

中区

興行街の余談

開港後の横浜は華やかでなければならなかった。娯楽がなければならなかった。芝居小屋、寄席、遊郭――人々を集めるための場所ができていった。横浜の中心街は幾度もの大火に焼かれ、そのたびに復興している。明治六年、中区相生町《あいおいちょう》から出火した〈箱屋火事〉は周辺の町をも巻き込む大火であった。この火事で焼失した土地ではその後、見世物興行ができるようになり、芝居小屋や見世物小屋がどんどん開業されていく。
そんな町の一つ、蓬莱町《ほうらいちょう》で、こんな「幽霊騒ぎ」があった。

ある家の箱入り娘が懐妊した。
家族は驚き、相手は誰だと問い質すが泣くばかりで答えない。これに腹を立てた父親は娘をさんざん殴った。

その夜、娘は家を抜け出し、近くを流れる大岡川《おおおかがわ》に身投げした。

娘には、死んでから遂げたい目的があった。

だが、失敗に終わる。偶々通った水上警察署の巡査に救われてしまったのだ。

わけを訊かれた娘は先の家族とのことを話した。そして、腹の子の父親は、伊勢佐木町の見世物小屋で木戸番をしている男なのだと伝えた。

この男は妊娠のことを伝えても、まったく取り合ってくれない。

だから、身を投げたのだと。

しかし、娘の目的は、絶望して世を去ろうというものではなかった。

死んで幽霊となって。

男に恨みを晴らそうとしたのである。

怪談にならなかった話である。

横浜中華街

白い背中

陸斗さんは十九歳の頃に思い切って右腕にタトゥーを入れた。

「学生の頃から『BURST』とか読んでいたんで以前から興味があったんです」

初タトゥーは思っていたより痛さもなく、入れた絵も気に入ったので左腕にも入れたくなった。入れる絵柄はじっくり考えようと、タトゥーの図案が豊富に載っている本を購入すると、巻末に各地のタトゥーショップの案内があった。

自宅から一番近場にある横浜中華街の中にあるショップに決めた。

南門シルクロード付近の雑居ビル、その三階にあるタトゥーショップは、前に行ったショップのような派手さはなく、ただ作業をする空間という場所だった。

浴衣《ゆかた》姿の女性の先客がいて、背中を出してうつぶせになっている。

陸斗さんは目のやり場に困ったという。

その筋の人にしか見えないスキンヘッドの強面《こわもて》な彫り師に、和彫りと洋彫りを選べるかと説明を受けた。あまり違いがわからず、前が洋彫りだったので和彫りを選んだ。

彫り師は寡黙で、室内には針で皮膚を突くケッチケッチという音だけが響いていた。

あまりに静かなので女性客は寝ているんじゃないかとチラリ見るが、誰もいない。

帰った気配はまったくなかった。

さっきまで女性が寝ていた場所には、厚さ二センチほどの発泡スチロール板が敷かれていて、施術を受けた人のものか僅かに血が付いていた。

その横の白い壁に目を留める。

顔がある。

床から三、四十センチの高さに、顔出しパネルの穴から出しているような女の顔があった。

パッと見で女と判断はしたが、顔はパグのように潰れ、片方の瞼《まぶた》が腫れているのか垂れ下がり、もう片方は目が飛び出て黒目が真下を向いている。

死体とか裂けた性器とかグロテスクな絵柄を入れる人もいるらしい。そういう絵を入れた人のタトゥー写真でも貼ってあるのかなと見ていたが、微妙に動いているので、「これはおかしいんじゃないか」と思ったところでスッと消えてしまった。

消えてから、まずいものを見てしまったのだとわかったが、彫り師に伝えようにも、話せる空気ではなく、タイミングも完全に逃していた。「さっきそこに幽霊がいました」なんていえばキレられるかもしれないし、嫌がらせだと思われて、わざと失敗されるんじゃないかと思ったら言えなかったそうだ。

「先にいた女の人も、本当は最初からいなかったんじゃないかって思うんです」

その女性客の背中は真っ白で、まだ絵は入っていなかったという。彫り師は自分を担当した一人しか見ておらず、先客の女性が放っておかれて自分が先に彫ってもらうのも妙だし、施術中もずっと「いる」気配がなかったのだそうだ。

保土ヶ谷区

空き家にて

昭和十年八月初旬のこと。

保土ヶ谷区和田町《わだまち》にある空き家の地下室から、夜な夜な女性の忍び泣く声や、女下駄のカラリコロリという音が聞こえてくるという噂があった。

天王町《てんのうちょう》、帷子町でも知らぬ者はないほどで、女性や子どもは決して空き家に近寄らなかった。

正体を突き止めようと、血気盛んな若者らが毎晩のように空き家へと押し掛けたが、原因はわからず。自警団まで出動する騒ぎとなる。

そこで派出所の警官が、青年団員とともに十二日の夜、この空き家へ調査に赴いた。

だが、噂の怪異は一向に起こらない。

仕方がないので調査を終えようとしたところ、女性の泣く声が聞こえた。

――といった経緯の報告を受けた保土ヶ谷署は、十三日の夜から徹底的に問題の空き家を調査する。

問題の空き家は帷子川上流にあり、昼でも暗い竹藪《たけやぶ》を背にしている。

土地の持ち主が昭和九年の春ごろ、貸家のために新築した和洋折衷の家であった。

何の目的のものか八坪の地下室が作られ、そのことが保土ヶ谷署署長の耳に入る。

「赤（共産党員）の巣窟」か、はたまた「エロの秘密殿堂」か。

警察が乗り込んで捜査するが、そのような秘密も見つからず。

家主は物を置くために作った地下室だという。

警察は怪しみながらも、この件はそのまま放置となっていた。


近隣住人の話では、この空き家の敷地はもともと〈帷子川〉の水死人や無縁仏を埋葬した墓地だった。だが荒れ果てていたので、地ならしをして家を建てたのだという。

この地ならしの際、地中から地蔵尊の頭部が出てきたので、町内の者がこれを懇《ねんご》ろに法要し、子育て地蔵の付近に小さい堂宇《どうう》を建立して、その霊を慰めた。

しかし、いまだ家の下には地蔵尊の胴体が埋まったままなので、悲しみの声をあげているのだと言われていた。

こんな話もあった。

〈きく〉という十八歳の女性がいた。実家のある秋田の農村が冷害地となって貧困に喘《あえ》いでいたため、犠牲となって秋田から女給として横浜の店に売られてしまった。

そんな我が身の不幸を嘆いていた時。

自分の働く店に足繁く通っていた男が、家を勘当されたと聞いて彼女は同情し、昭和八年四月十二日、一緒に服毒自殺を遂げてしまう。

二人が死んだ場所は、例の空き家の裏手にある藪の中だった。

男性側の遺族は倅《せがれ》の死体のみ引き取り、倅が死んだのはこの女のせいだと恨んで死者に鞭打った。

見かねた〈きく〉の雇い主と同僚が彼女を引き取り、秋田の実家に連絡したところ、家族の反応も冷たく、ただ「骨を送れ」と連絡が来たのみ。

哀れに思い、ささやかな野辺送りをしたという。

その後、〈きく〉は親しかった二人の同僚の枕元に現れ、しょんぼりとした様子で何かを訴えようとした。

そして、遺体のあった現場付近に〈おきく地蔵〉が建立されたという。

地ならしの際に出てきた地蔵の頭は、これではないかというのである。

足の下の事故物件

昭和六十一年一月三十一日、新聞に衝撃的な見出しが躍る。

『掘れども掘れども人骨の山』

同月三十日に中区本牧町《ほんもくちょう》のマンション建設現場でボーリング作業中、地下八十センチのところから人骨が大量に掘り出された。

二十本以上もの大腿骨《だいたいこつ》と数え切れぬほどの骨片が掘り出され、事件の可能性もあるとのことで山手署員が現場に駆け付けた。

その後も掘れば掘るほど出てきた。人骨はみんな検視に回され、土葬されたものであることが判明。現場は元々、天徳寺《てんとくじ》の墓地があった場所だった。

縁起でもないと関係者は表情を曇らせたが、供養後、そこには予定通りマンションが建った。幸い、祟りのような出来事は起きなかったようだ。

どんなに閑静な高級住宅地も、足の下には何があるかわからないという話である。

この現場からいくらも離れていない北方《きたかた》地区。

そこに強烈な事故物件があったという記録がある。


そこは不思議な住宅であった。

四部屋あって十坪の庭付き、それで格安の家賃なのである。

当然、わけありであった。

入居した者は悉《ことごと》く、ふた月と続かず退去していた。

一年で九人が引っ越してきたが全員が早々に退去しているとなれば、よほどのことがあるに違いない。

そんな話を聞けば大概は及び腰になるものだが、港町在住のSという男は、面白そうだと家族ごと引っ越してきた。

二月中旬の夕方だった。

妻が真っ青な顔で裏口から転がり込んできた。

驚いて何があったと訊くと、妻は震えながら話した。

裏にある井戸に水を汲みに行ったのだという。

手桶に水を入れながら、なんとなく井戸の中を覗き込むと、底のほうに恨めしげな女の顔が映っていた。

自分の顔だろうかと見直すが、まるで知らない顔である。

あまりにすごい顔色なので、思わず手桶を取り落としてしまったが、それにもかまわず逃げてきたのだという。

その数日後の夜。今度は家族で団欒《だんらん》中、女の悲鳴が聞こえてきた。

声は井戸の方からで、首を絞められる女の断末魔のようだった。

その夜、Sはどうにも眠ることができなかった。

布団に入っても目が冴えてしまい、何度も寝返りを打った。

部屋の障子《しょうじ》が音もなく開くのがわかった。

「誰だ!」

返事を返すものはない。

家族を起こそうとするが、これがまったく目覚めない。

すると、掛けてある手拭いが風もないのにハタハタと揺れだす。

真っ暗であるにもかかわらず、なぜか廊下の板の目まではっきりと見える。

こんなことが毎晩続いたので、狐狸《こり》にでも化かされているのではないかと家の裏山で獣の巣穴を探すが見つからず。

なにか原因はあるはずだと家の縁の下に潜ってみると、それを見つけた。穴である。

直径一尺五寸四方の底の見えない穴があった。

それは、いつも怪異が起こる六畳間の真下にぽっかりとあいている。

長さ六尺の竹竿を入れても底に届かない。

穴の奥になにかあるのか。

途端に恐ろしくなったSは、それからすぐに家族と退去していった。

明治四十五年のことである。


この家は後に、事故物件であることが判明している。

同区石川町に住んでいた生花店の妻が、なぜか突然発狂し、この家の井戸に身投げをしていたのである。

六畳間の下にあった穴と、どう関係するのかはわからないが、底のほうで井戸と繋がっていたのかもしれない。

身投げした女の死体は、穴を通って家の真下まで流れていったのだろうか。

鶴見区

鶴見のバイオハザード

私事で恐縮だが、どうしても触れておきたい話がある。

二〇〇六年にメディアファクトリー主催「幽」怪談文学賞長編部門で大賞を頂き、翌年に受賞作が書籍化して本格的に作家・黒史郎として活動することとなった。

デビュー作『夜は一緒に散歩しよ』のカバーに使われた高橋和海《たかはしかずうみ》氏の写真は、鶴見区の鶴見川である。

本作の舞台のモデルが鶴見であり、主人公たちが毎晩散歩をする川のイメージも鶴見川が元になっている。

作中では鶴見とは一度も書いていないので、初めてカバーを見せてもらった時は驚いて担当編集に訊ねたのだが、偶然だと聞いた覚えがある。

だとすれば、これ以上ない一枚だ。

カバーに使われている写真には、今は無き〈カスケードビール工場〉も写っているからだ。

大正九年に建てられた日英醸造所有の工場で、ここでは〈カスケードビール〉を製造販売していたが、昭和初期に経営不振となって寿屋（現在のサントリー）が百一万円で買収、そこからは〈オラガビール〉を製造販売する。

昭和十五年あたりまで操業していたが後に工場は閉鎖。それからビール工場として再稼働することなく、他企業の所有する敷地内で廃墟同然の姿で佇んでいた。

洋館風なデザインで、どこからどう生えているのか樹木が建物を貫いており、夕日を映して暗い川の上にぼんやりと灯るように建つ姿は美しい。だが、ネット上では〈鶴見のバイオハザード〉と呼ばれていた。ゲームの『バイオハザード』に登場する洋館に似ているからだろう。

ここは心霊スポットとしても知られていた。

首のない女の子が三輪車に乗って現れるのだという。

ビール工場と少女――繋がりがまるでわからない。

付近で少女が犠牲となった事故記録などを私は確認できなかったが、鶴見川に架かる幾つもの陸橋には石仏や供えられた花を見かける。三輪車に乗っていることから、交通犠牲者であった可能性は大いにある。

あるいは鶴見川で亡くなった水難犠牲者とも考えられる。この工場は毎年のように、氾濫した鶴見川の洪水による被害に遭っていたことがわかった。どこからか流されてきて、この辺りに引っ掛かった犠牲者の一人かもしれない。

どこかで落としてしまった首を探して。

女の子は夜な夜な、廃工場周辺をさまよっていたのか。

中区

博物館の爪跡

中区南仲通りにある神奈川県立歴史博物館。

明治三十三年から四年の歳月をかけ、当時の金額にして百十万円という巨額を投じて建てられたという純ドイツ・ルネッサンス様式の建築物である。

当初、ここは横浜正金銀行であった。

大正十二年の震災では大きな被害を受けたが、東京銀行横浜支店として復活。

その後、県が買い取って建物を改修、昭和四十二年に神奈川県立博物館が開館する。

当時から館内では怪異の報告が続き、多くの生々しい記録が残されている。

開館して間もない昭和四十三年二月十五日。

大雪の降る深夜のことである。

特別展示会のために四人の職員が地下の宿直で待機していると、どこからともなく男の呻《うめ》き声が聞こえてきた。

はじめは誰かの寝言だと思った。それぐらい、はっきり聞こえた。

部屋の外に出て確認してみたが、声の出所はわからなかった。

同じく地下から、苦しそうな唸り声とともに、煉瓦《れんが》の壁に生爪をたてて引っ掻くような、がりがりという嫌な音が聞こえたという記録もある。


館内をさまよう〈女〉の存在も知られている。

同じく四十三年の休館日の夜。巡回中の守衛が、三階考古室前の廊下に人の気配を感じて確認しに行くと、白い着物姿の女を見たという。

この女は頻繁に現れたようで、これを見たために辞めてしまった職員もいる。宿直中、館内に響き渡る泣き声を耳にし、恐る恐る調べに行ったが誰の姿もなかった。だが、別の日の巡回中、誰もいるはずのない館内に、白い着物姿の女を見てしまい、耐えかねて辞職を選んだのだという。

四十八年発行の週刊誌にも、三階考古室前の廊下に現れる〈痩せた女〉についての記録がある。ただ、着物姿とは記されてないので同じ女であるかは不明なのだが、色は白く、ぼんやりと現れ、よく見ようと目を凝らすと消えてしまったという。
五十二年には、女性職員二名のうち一名が宿直室にいるところ、すさまじい女の叫び声を聞いた。見回りに出ていた職員が戻ってきたので訊ねたが、彼女は叫び声を聞いていなかったという。

この博物館には何かがいることは間違いないようだ。
少なくとも、白い着物の女と、呻く男がいる。
夜な夜な館内を彷徨《さまよ》い、泣き叫び、呻いて、壁を引っ掻く。
彼女たちは何者なのだろうか。

大正十二年の関東大震災。
当時、まだ銀行だったこの建物の地下に、避難しようとたくさんの人々が押し寄せた。
約二百人が逃げ込み、百四十名の行員と共に地下室へと避難した。
だが、地下室に入れるのは、それが限界だった。

避難できなかった人たちは必死に扉を叩いた。

あけてくれ。たのむ、いれてくれ。たすけてくれ。

聞くに堪えない悲痛な叫びが扉越しに聞こえてきた。

開けることはできなかった。

「火がきたっ」

すさまじい叫びが上がった。


午後四時半、静かになった。

扉を開けるとそこには、焼け焦げた三百人が折り重なっていた。

そんなことがあったのだという。


とくに怪異が起こるという宿直室と休養室のある位置は、数百人の犠牲が出た地下室にあたるという。

博物館の地下から響く呻き声や泣き声。そして、壁を爪で掻くような音。

それは火に追われ、生きたまま焼かれた犠牲者の残した〝爪痕〟かもしれない。

中区

人喰いの森

中区日ノ出町《ひのでちょう》の一帯は、太田の陣屋の原といった。

野毛浦《のげうら》から続く入り江であった川岸のほとりには一叢《ひとむら》の森があった。

ここは昼間でも暗く、子どもが蝉《せみ》などを追って入ると、何を患ったか高熱をだし、死んでしまうことがあった。

土地の人たちはこれを「神おこり（神瘧か）」だと恐れ、ここを〈人喰いの森〉と呼んだ。

後に森の木々はすべて伐り倒され、一株の玉楠《タブノキ》だけが残された。

この樹は同町にある〈子神社《ねのじんじゃ》〉の境内に植樹されたが、関東大震災による火災で焼けてしまったという。

この森に関する資料は少ないので、〈人喰いの森〉の一部といえる玉楠を受け入れた〈子神社〉について調べてみた。

ここは、受け入れる社であった。

付近の住人は疫病神を追い出すため、この社に疫病神を捨てに来たのだという。

そのため、社に近づけば封じた疫病神にとり憑かれると恐れられ、〈人不入斗宮《ひといれずのみや》〉と称された。

疫病を集めて封じる場所が、「子《ねずみ》」の社というのも面白い。

熱病を引き起こす〈人喰いの森〉の木が持ち運ばれた理由もそういうわけなのだろう。

この神社にも森があり、昔から〈子の森〉と呼ばれていたらしい。

なぜ〈人喰いの森〉に入ると熱病に罹《かか》るのか。

土地の因縁でも見つからないかと調べると、〈白骨累々《るいるい》〉と見出しにつく興味深い新聞記事が見つかった。明治三十一年の小さな記事である。

同じく日ノ出町にある、某氏の所有する山林で発掘作業をしたところ、高さ約四尺、横三尺、深さ九尺の横穴が見つかった。中には数十の髑髏《どくろ》、骨の砕片があったという。

この場所が〈人喰いの森〉であったかは判らないが、同地は互いに目と鼻の先。地中に同じモノを孕《はら》んでいても不思議はない。

子どもらを森に誘って命を喰らっていたのは、土の中で眠る無数の屍《しかばね》たちか、あるいは、屍から発された瘴気《しょうき》で育った森そのものだろうか。

西区

魔の池

西区西戸部町《にしとべちょう》に〈池の下〉という場所があった。

そのあたりは田んぼへ引く用水池で、勾玉《まがたま》状の池は約八千平方メートル、擂鉢《すりばち》型の崖になっており、鬱蒼《うっそう》とした雑木林や笹やぶに囲まれた不気味な雰囲気であったという。

大正九年九月三十日。

この日の真夜中、西区三大事件の一つが起きた。

台風が横浜をかすめるように通過し、四時間で百四十一ミリの豪雨となった。

その雨で池の土堤が突然切れて崩れ、下方にあった民家はたちまち流された。

この事故により、十九名もの死者が出た。

十月一日発行の『横濱貿易新報』に大きく打たれた「壓死者多数」の見出しは、当時の被害の大きさと凄惨さを物語っている。

それ以来、ここは〈魔の池〉と呼ばれた。

その後、池は埋め立てられ、跡には市営住宅が建った。

自然の猛威に踊らされ、住人たちに牙を剥いた池――。

ここは昔から〈魔の池〉だった、そんな話がある。


とてもきれいな女がいた。若い頃には「村小町」とあだ名がつくほどの美人で、いつだって男たちにちやほやされていた。

そんな女がとうとう、戸部の百姓の家に嫁入りすることになった。

だが、以前から交際していた男がおり、女は人妻になってからも縁を切らず、関係を続けていた。むしろ旦那よりも情夫のほうと会いたくて、日々悶々としていた。

その晩、妻はしきりに酒を旦那にすすめた。

気持ちよく酔った旦那は、妻の膝の上にころんと頭をのせ、そのまま熟睡する。

その姿を見て、妻の中で黒い衝動が湧き上がる。

妻は抗わなかった。

ぎゅううぅぅ……っと、手拭いで旦那の首を絞めた。

死体は近くにある池に投げ込んだ。

これで邪魔な奴はいなくなったと、女は心底すっきりした。

旦那の死を世間にはどのように取り繕ったかはわからないが、こうして女は心置きなく情夫と同棲を始めたのである。

だが、そういうふしだらな女であったから、男一人では物足りない。

また、別の男をつくった。

これを知った最初の男は怒り狂い、女をめった斬りにして殺した。

血だらけの死体は、旦那と同じように池に投げ込まれた。

そして、男自らも飛び込んだ。

それを知った二番目の男も、後を追うように池に飛び込んでしまった。


ある日――。

池に、四人の死体が浮かんだ。

四人の誰かから事情を聞いていた者でもいたか。女の不貞が招いた最悪の事件として、住人たちに周知されていった。

それから、この池のそばを通る人が次々と池の中に引き込まれるようになる。

米屋の従業員が大八車に配達用の米を載せたまま、カーブを曲がり切れずに車ごと池に転落し死亡するなど、交通の事故が度々起こった。飛び込み自殺も多く、水死体の黒い頭が浮かんでいることがよくあった。

この池に落ちると、決して助からなかった。

死んだ四人が池の中で一人の女をかけて奪い合いをしていて、勝てぬとみるや、男の霊たちは助勢してもらおうと、そばにいる人を掴んで引き込むのである。

首のない亡霊が池付近を彷徨っているという話もある。

付近の戸部刑場で斬首された囚人の死体が願成寺に運ばれる途中、この池で血を洗い落とす。その囚人が自分の首を探しているのだといわれていた。

大正期に起きた災害も、この池に絡まる死人どもの仕業といわれたそうだ。

鶴見区

祟り甚だしい松

どの地域にも「伐れば祟るぞ」と脅してくる松の木がある。ただの脅しで済めばいいが、実際に害を及ぼしたという記録が残っているものも多く、本書でも数例紹介している。鶴見区の生麦《なまむぎ》には少なくとも二例あるのだが、何《いず》れも祟り甚《はなは》だしい。

さて、生麦といえば、日本の歴史を大きく変えた事件がある。

生麦事件

一八六二年八月、武蔵国橘樹《たちばな》郡生麦村。

幕府との交渉を終えた朝廷の勅使である大原重徳《おおはらしげとみ》と、その護衛を務める島津久光《しまづひさみつ》の四百人の行列を、川崎大師《だいし》見物に向かっていた四名の英国人商人らが馬で遮った。

「無礼者！」と藩士らは英国人一名を斬殺、二名を負傷させる。

殺害されたリチャードソンは逃げる途中で臓物を落とすほどの傷を負っていて、とどめをさされた後、行列の通行の邪魔になるからと遺体は田んぼへ放置。近くの休み処の女性が哀れに思ってか二枚の筵《むしろ》をかけたという。

この日に起きたことは、後の薩英《さつえい》戦争の火種となる。

これが〈生麦事件〉である。

現場付近には現在、事件碑が設置されている。

かつて、当碑周辺には松や榎《えのき》が生えていた。〈横浜市電〉引込線工事の際、これらを伐ることが決まり、地元住民の反対を押し切った形での実施となったのだが、これが大変な事態を引き起こしてしまう。

工事関係者に次々と不幸が降りかかったのである。

まず、伐木を担当した工事業者二名のうち一名が、伐採後すぐ熱病に罹り、四日目に死亡。もう一名も五日目に死亡した。

次は工事監督の技手が原因不明の高熱で床に臥した。さらに事件碑周辺の土地の下げ渡し交渉に関係した人物が病に倒れ、伐採後の道路整理をした会社の社員は事故で後遺症が残る大怪我を足に負った。この他にも役所や工事関係者に、病人、怪我人、死人が絶えず出続けた。

当時の新聞に記事も載った、連続祟り事件である。

許さぬ松

生麦駅から徒歩七、八分のところに〈滝坂〉というバスの停留所がある。

その付近の坂の上り口から五十メートルほど登ると〈滝坂不動堂〉があった。ここには行基菩薩《ぎょうきぼさつ》の作った不動明王が安置されていたという。

その辺りに一本の松が生えていた。

これが凄まじく祟った。

当時、不動堂を管理していた龍泉寺《りゅうせんじ》の住職は、この松が邪魔なので伐ることに決めた。

安養寺《あんようじ》付近に住む男が伐採の依頼を受けた。

当日、松に斧を入れると、柄を握る男の手にヌルリとした感触――。

両手が血塗《ちまみ》れになっている。

血は足にもべっとりついていた。

どこかを切ったかと確認するが怪我は見つからず。

ふと見ると、斧を入れた幹の切り口から、真っ赤な汁がどくどくと溢れている。

松が血を流している――恐ろしくなった男は仕事道具も放り出してその場を逃げ出すと、龍泉寺へ駈け込んで住職にこの件を伝えた。

――あの松は〈不動の神木〉であったか。

それからは祟りを恐れて、伐ろうという者もいなくなった。

これが〈血噴きの松〉である。

大正末期、この不気味な松は付近に鉄路が通るようになると枯れてしまった。

これには、汽車の煙が影響したのではないかといわれている。

こうなってはもう祟ることはできまいと、さっそく伐る計画が立ったのだが、枝に斧を入れた途端、急に風が強くなると空模様が怪しくなり、まもなく荒天となったために中止となった。

松は枯れても、自分を害することを決して許さなかったのである。

この松のある〈滝坂不動堂〉に続く坂の上り口付近に〈滝坂踏切〉がある。

かつては〈滝坂不動踏切〉と呼ばれたこの付近では二件の大きな事故があった。

昭和三十五年にバスと機関車が衝突して八人が亡くなった事故。

そして、鶴見―新子安《しんこやす》間で起きた昭和三十八年の〈鶴見事故〉である。

後者は昭和五大鉄道事故の一つであり、百六十一人の死者を出す大惨事となった。

そのため、付近では幽霊を目撃する話もあった。

中区

血だらけ坊主

中区末吉町《すえよしちょう》二丁目に材木屋があり、その付近に空き家があった。

この辺りに引っ越してくる人たちが何人も「幽霊を見た」といって、みんな一晩限りで退去してしまう。同町で蕎麦屋を営む家の妻もこれを目撃しているとのことで、警部がわざわざ調べにくるという騒ぎになったようだ。

目撃された幽霊は、痩せて骨と皮しかなく、枯れ野の芒《すすき》をまとっているように毛の生えた、血だらけの坊主であったという。

明治九年のこととして記録されている。

中区

ヨコハマで

その日、I子さんは計理士の夫Yさんから電話を受けていた。

それによると——。

Yさんは得意先の会社の帳簿チェックの為に四社を回った後、まだ明るい時分に横浜駅周辺の繁華街へ車で移動、馴染みのバーで飲んでいた。

そろそろ帰ろうかとバーを出ると、体調に異変を感じた。どうも熱があり、眩暈《めまい》もする。これから東京まで帰るのも厳しいのでいったんバーに戻り、また二時間ほど飲んだら、今度はひどく酩酊したために運転どころではなくなった——との連絡だった。

I子さんは怒りもせず、無理はせずに病院で診てもらって、今夜は横浜のホテルにでも泊まってくるようにと伝えると、Yさんは素直に応じたという。

Yさんはその後、妻の言いつけを守ろうとしていた。

バーに車を預け、港湾区域付近のホテルでチェックインし、午後七時ごろに市内の病院を訪れている（しかし、診察の準備中にYさんは姿を消している）。

その後、Yさんは車を預けたバーに戻ると従業員に帰宅することを告げているのだが、この時にYさんのズボンがびしょびしょに濡れているのを従業員は見ていた。

店を出た後、Yさんはホテルに戻っており、ルームサービスに対応したホテルの従業員も、Yさんのズボンや靴下などが濡れているのを見ていたという。


翌日、ホテル付近の海で、Yさんは遺体となって発見される。

遺体発見現場からだいぶ離れた河口で、Yさんの車が突っ込んでいるのも発見された。

川で事故を起こしたYさんが、なぜホテル付近の海で遺体となって浮かぶのか。

さらに不可解な点は、Yさんの遺体の状態である。

少なくとも、死後七日は経過していることが判ったのだ。

生存確認時間と死亡推定時刻が、まったく合わないのである。

これでは、死んだYさんがしばらくのあいだ行動していたことになる。

彼が何らかの事件に巻き込まれたと考えるならば、I子さんへの電話は何者かのなりすましと考えられる。だが、四つの得意先の会社をまわって彼の仕事をこなし、馴染みのバーに顔を見せ、病院にまで行っている。

そんなことが本人以外に可能なのだろうか。

たとえなりすましであったにしても、その行動になんの意味があるのか。

不可解な点しかない不気味な事件である。

昭和三十九年の記事である。

横浜沖
船幽霊

明治二十六年。
横浜沖を漂流している無人船が見つかる。
発見したのは浦賀《うらが》に向かっていた四人乗りの船だった。
それは数日前、彼らの乗っていた船だった。
事の次第はこうである。

その日、四人の乗った小廻船《しょうかいせん》が三浦郡浦賀（現在の横須賀市）を出港した。
漁獲《ぎょかく》を積んで、取引先である日本橋の魚問屋へと向かっていた午後七時頃。
海上の風が急に強まり、雨が降りだした。
品川区の灯台を八キロほど過ぎたところで風雨が激しくなり、このままでは危険だと判断し、帆綱を切ろうとした。だが海にでも落ちたか、包丁が見つからない。

そうこうしているうちに帆が風を一気に孕んで、船は転覆した。

四人は荒れ狂う海に投げ出され、波に揉まれながら大声で助けを呼んだ。

すると奇跡的に七人の漁師を乗せた廻船が通りかかり、同日九時に四人を救助。

治療を受けた四人は水上警察に連絡し、船の紛失届を提出した。

後日、浦賀へ帰るために船を借りつけた四人が、午後一時頃に出航したところ、横浜沖を漂流している船を発見する。

それは、自分たちの乗ってきた船であった。

嬉々として四人はこれを拾い上げ、水上警察に連絡、紛失届の取り消し手続きをした。

これを切っ掛けに遭難した四人のうちの一人Cが、奇妙なことを仲間に打ち明けた。

それは警察にも話していないことだった。


遭難当時のことだ。

強風と雨に弄《もてあそ》ばれ、船が大きく傾いで今にも転覆せんという時。

真っ暗な海上に、いくつもの白い坊主のようなものが現れるのをCは見ていた。

それらはCのそばに寄ってくると、手や足を掴んで彼を海に落としたのだという。

さすがに、こんなことを話せるはずもなくCは黙っていたのだそうだ。それに――。

海には〈船幽霊〉というものが出ると聞いたことがあるが、ただの一度も出遭ったことはなく、あれがそうだったのかと考えると恐ろしくて話すことができなかったのだという。

横浜沖

幽霊船

横浜の名産のひとつに、あなごがある。

旬は六月から九月。餌が豊富な東京湾に面した横浜港で水揚げされたあなごは、身がやわらかく深い旨味があり、江戸前ブランドとして全国的に知られている。

某年七月。

鶴見区生麦に住む漁師が〈あなご縄〉のために横浜港沖に船を出した。

あなご縄は、あなごを釣り獲る漁法である。

正月の三が日とお盆の十三日には船を出さない〈沖止め〉の習わしがある。

だから、漁に出たのは盆を過ぎて間もない日の夜であった。

凪もなく、海面は穏やかで大変良い気候だった。

延縄《はえなわ》を延ばし終えると、仕掛けた餌にあなごが食らいつくのを待った。

はっ、と漁師は視線を上げた。

海の向こうから何かがやって来る。

灯をたくさん灯らせた大型客船である。

かなりの速さで漁師の船にまっすぐ向かってくる。

気付いた時には遅かった。避け切れない。あんな船に衝突されたら、ひと溜りもない。

かすっただけでも転覆は免れられないだろう。

漁師は大声をあげてカンテラを振りながら知らせようとした。

客船側はまったく気づく様子もなく、機関の音を響かせながら一直線に向かってくる。

もうダメだ！

目を瞑《つむ》り、祈るように手を合わせた。

静かだった。

覚悟していた衝撃もない。

ゆっくり目を開く。視界に夜の暗い海が広がっている。

大型客船の姿などどこにもなかった。
昭和の初め頃のことだという。

鶴見区

鶴見川チャーシュー事件

私の半生は鶴見川とともにあったといって過言ではない。

川沿いの道はランニングの人たちが行き交い、休日は漕艇場《そうていじょう》でレンタルしたカヌーやボートでアウトドア・レジャーに興じている人たちもいる。

今の悠然とした流れからは想像もつかないが、かつて鶴見川は〈暴れ川〉〈き○がい川〉などと呼ばれるほど氾濫が多かった。

数え切れぬほどの命を呑み込んだ歴史があり、鶴見ポンプ場付近には〈鶴見川水難者慰霊供養塔〉が建てられている。

また、水質もあまりよくない。国土交通省が調査している「全国の水質が悪い河川」の中で二位にランキング入りしたことがあり、現在も上位に食い込み続けている。

昔は川底に底なしのヘドロが堆積しており、川遊びをする子どもたちをよく引きずり込んだ。この川にも河童伝説があるが、多くはヘドロに足を取られて飲み込まれていたのだろう。今は浚渫船《しゅんせつせん》がヘドロを浚《さら》い、昔と比べてだいぶ減ってはいるようだ。

これもまた不名誉なことではあるが、自殺や死体遺棄をする場所としてもよく使われている。近年にも袋詰めされた女性や赤ん坊、切断された遺体の一部といった多数の異常死体が見つかっている。

広く、底のうかがえぬ灰色の川である。今もどれだけの遺体を懐《ふところ》に抱え込んでいるのか想像もつかない。

この鶴見川で、私は奇妙な光景を何度も目にしている。

堤防のコンクリート面に、無数の小さな海老と目覚まし時計が、何らかの法則に従って並んでいたとか。十センチ幅しかない転落防止壁の上に、醤油差しを枕にして眠っている恐ろしいバランス感覚の中年男性を目撃するとか――。

そんな鶴見川のそばで四十年以上暮らしている私だが、これまでの奇態な思い出の中でも特に鮮烈に記憶している光景がある。

小六の終わりから中学に入るまでの頃のことだ。

川沿いの公園で遊んでいると、友だちらが「すごいものがある」と騒いでいた。

川の方になにかがあるらしい。

それを聞いて他の友だちが走っていったので私もすぐに追いかけた。

その時、Gも一緒にいた。同じマンションの上階に住んでいた一学年下の男子だ。地方から転校してきたばかりで言葉に訛りがあり、それがなんだか聞いていて心地よく、のんびりとした穏やかな性格もよかったのか、すぐにみんなと仲良くなっていた。女子にも人気があったと思う。

その公園からは直接、川の堤防に出られた。板チョコのような凹凸のあるコンクリートの斜面を駆け下りると幅三メートルほどの道があり、そこに友だちは集まっていた。

なんだろう。

丸ごとのチャーシューのようなものが、たくさん積まれて山になっている。

はじめは何かわからなかった。

色は焦げ茶と白っぽい色で、だからチャーシューみたいだと思った。

それのひとつひとつには、四つの脚がついていた。

尻尾もある。

生き物だった。だが、首はない。生きてはいない。

大きさから見て、みんな犬のようだ。

首のない犬が、川の堤防にたくさん積まれていたのだ。

みんな焼かれているようで、毛なのか焦げなのかわからない黒いものが胴体にこびりついている。腹がパンパンに膨張していて、油を塗りたくったように陽光をテラテラと反射していた。

こんなことをする危険な人間が近所に住んでいるんだと知って、怖かった。


今も忘れることのできないショッキングな光景だ。

だが、妙なのだ。

あの日、一緒に遊んでいた友だちはみんな、そんな光景は見ていないという。

間違いなく一緒に見ているはずなのだが、この話をすると私が嘘をついていると思ってか、面倒くさそうに適当な冗談を返してくる。

犬の死体の前で彼らの顔をいちいち確認したわけではないが、一緒に公園で遊んでいたのは確かだし、あの状況で彼らが現場に走らなかったわけがないのだ。

もちろん、私の見た幻などではない。

Gも、あの現場の凄惨な光景の記憶を共有していたのだから。

だが、彼とはそんな話をする暇がなかった。彼は彼で、また別のことが起きていた。

Gと彼の家族が、なぜかこの一件があったくらいから、おかしくなりだしたのだ。

とくにGと、その弟は急に暴力的な性格になった。

女子に乱暴な言動を働くようになり、年下の男子には暴力をふるい、周囲に陰湿な嫌がらせをするようになった。

子どもは正直だ。あっという間にGは嫌われだし、孤立していった。

Gの母親も急変した。以前は「作り過ぎたから」といって近所に煮込んだカボチャを配るような人だったのに、あちこちでトラブルを起こすモンスターになった。マンションの総会のたびに管理会社の人間に意味不明な苦情を言って困らせ、廊下で彼女と住人との口喧嘩の声がたびたび聞こえてきた。

今まで猫をかぶって鳴りを潜めていたのか。

彼らを変えてしまった何かがあったのか。

「心霊写真を見せてほしいんだ」

そういって、変な時間にGと母親が二人で家を訪ねてきたことがある。

その手の話にはまったく関心を示さなかったのに。

私はその頃から好きだったので、地元中学生が撮影した華厳の滝の心霊写真があるとGに話したことがあった。その写真のことかと思って見せると、親子で異様に食いついてきた。なぜ急に、こんなものを見に来たのかと私も母も困惑したものだった。

Gが決定的に狂っていたのは、彼がいなくなる少し前だ。


ある夜、私は自分の部屋の小窓を開けていた。

するとそこから、子猫が入りこんできた。

触ると細い肋骨がわかるくらい、がりがりに痩せていた。人懐こくて、撫でるとすぐにごろごろ喉を鳴らして私の胡坐《あぐら》の中で眠る。マンションは特にペット禁止ではなかったので、「飼おうよ」と親に提案してみたが即却下された。仕方なくチクワを与えて外に放し、また入ってこないかなと窓を開けたままにしておくと、ちゃんと入ってきた。

こんな感じで、ほぼ毎日その猫と戯れ、チクワをあげていた。窓を開けておくと、必ず夜になれば入ってきたのだ。

だが、ある日からピタリと来なくなった。

事故にでも遭ったのかと心配していると、Gが私の家に訪ねてきて急にこんなことを言い出した。

最近、家に子猫が入って来るから、罰を与えたんだと。

まさかと思いながら、何をしたのかと訊いた。

「工具箱に入れて、鶴見川に捨てた」

殺してやろうと本気で思ったが、とりあえず彼とは絶交した。

その頃はすでに彼とまともに会話をしていたのは私ぐらいだった。

間もなく、G家は引っ越していった。どこへ行ったかは誰も知らない。

これで私は、堤防で見た犬の山盛り死体のことを話せる人間は一人もいなくなってしまった。

現在、元G家には、外猫を可愛がっているお婆さんが住んでいる。

保土ヶ谷区

権太坂

保土ヶ谷区の藤塚隧道《ふじづかずいどう》は心霊スポットとして知られている。

武士の霊や焼け爛《ただ》れた兵士の目撃があるとの情報がネットにあるので調べてみたが、この場所に纏わる因縁話などで怪談の素材になりそうな目ぼしい話を見つけることはできなかった。

だが、周辺地域を調べていると気になる地名があった。

〈権太坂《ごんたざか》〉

権太坂一丁目と二丁目の境にある坂である。

昔、この坂を登っていた一人の旅人が、あまりにきつい勾配なので通りかかった老人に坂の名前を尋ねると、耳の遠い老人は自分の名を聞かれたものと勘違いして「権太だ」と答えた。それが坂の名の由来だといわれている。

この坂は昔から怪しい火がたびたび目撃される場所であったそうだ。

住人は恐れて夜は決して近寄らなかったという。

きっと〝なにが〟夜闇の中で火を燃やしているのか、知っていたからだろう。


権太坂は江戸から上方に向かう旅人にとって、箱根に次ぐ難所と恐れられていた。

まず一番坂である権太坂、次に二番坂で、国境の境木地蔵を越えると、ここで下りの焼《やき》餅坂《もちざか》となり、品濃《しなの》の一里塚を過ぎたら品濃坂へと続く。

急な坂が四つも連続する道なのだ。権太坂だけでも高度差が三十メートルはあったという。


また品濃一里塚には〈下馬薬師〉の異名をとる薬師堂があった。

ここを通る馬はなぜか、急に怯えて暴れ出すので落馬事故が絶えなかった。

二番坂を登りきったところで少し勾配が緩やかになり、左手に井戸が見える。

投げ込み穴である。

長く険しい坂道であるため、道半ばで力尽きる旅人や牛馬が後を絶たなかった。

行き倒れの死体をそのまま腐らせておくわけにもいかず、誰が考えたものか、人でも馬でも死体はその井戸に投げ込んでいた。
そういう場所だったからか、井戸周辺は明治の初めまで、人家も建たない暗い場所であったそうだ。

昭和三十六年の宅地造成期。
この井戸から、何百体もの人骨や獣骨が出てきた。
叺《かます》にいれると十五杯にもなったという。
夜に隠火《いんか》が燃えたのも、このあたりであったそうだ。
旅の途中であったはずが、なぜ自分は暗い穴の中にいるのか。
旅を続けようと夜な夜な火を燃やしていたのか。
それとも、お前も休めよと旅人を井戸に誘う灯か。
井戸から出てきた骨は、平戸町の東福寺の墓地に埋葬され、供養碑が建てられた。
昭和三十九年四月には中学校前に〈投込塚之跡〉と刻まれた石碑が建てられている。

保土ヶ谷区

雀火

昭和十一年の新聞で〈火の怪談〉として記事になった出来事である。

午前八時頃、保土ヶ谷区の銭湯Kの天井裏から出火した。

発見が早かったため半焼程度で済み、幸い怪我人もなかった。

出火原因は不明であった。

出火元はまったく火の気のない場所。警察はこれを放火として捜査したが、犯行に使用されたものが現場から見つからない。

そこで捜査上に浮かんできた犯人が〈雀〉であった。

よくスリ師などに警察が付ける通称ではなく、スズメ目スズメ科スズメ属、正真正銘の雀である。建物の庇《ひさし》に巣を作っていた雀の巣に、銭湯の煙突の火の粉が飛び火したのでは、ということになったのだ。

だが、それも極めて可能性は低いことが判明した。

現場となった銭湯の屋根には確かに十数組の雀が巣を作っていた。

それを近所の悪童たちが毎日のように竹竿を持ち出して悪戯《いたずら》していたので、火事のあった前日の二十九日、銭湯の主人は雀の巣をすべて取り払い、雀もみんな追い払っていたのである。

では、出火原因はいったいなんだったのか。

町では、このように囁かれ、怪談になっていた。

巣を壊されて追いやられた雀たちは、その深い恨みから戻ってきて、わざと引火の危険がある場所で何かをして、この銭湯を焼き滅ぼそうとしたのではないか。

仇討ちしたのではないかと。

信じられない話だが、近所の悪童たちはそれから雀を恐れるようになり、巣に悪戯する者は一人もいなくなったという。

中区

打越橋

間違った情報や勘違いにより怪談が生まれ、その場所が心霊スポット化する。

ユーチューブなどの動画配信で話題となるスポットには特に多い印象だ。

決して好ましいことではないが、それらのすべてを排除してしまっては、この手の話はほとんどがなくなってしまうかもしれない。

だが、明確に間違っているとわかる情報があるのなら、その部分だけでも周知されるべきではないだろうか。

本書の趣旨とは違ってしまうが、横浜でとくに知られる心霊スポットの一つ、その誤った情報についてわかったことを述べておきたい。

中区にある〈打越橋《うちこしばし》〉である。

根岸道路に架かる鮮やかな朱色が美しい橋だが、ここは市内でもっとも怖い場所として知られている。ここに立つと橋の下に引き込まれる感覚に襲われ、飛び込みたくなるのだといい、それゆえに〈飛び込み橋〉なる異称もあるそうだ。

とにかく自殺が多い場所だといわれているのだが、近年に飛び込みがあったという記事を私は見つけることができなかった。だが、まったくなかったとも言えないのだ。

転落防止の忍び返しのある高いフェンスが設置されているからだ。また、そこに鉄のプレートが取り付けられており、次のような言葉があった。

『すべての重荷を負うて、苦労している者はわたしのもとにきなさい』

『あなたがたをやすませてあげよう』

聖書にある言葉のようだ。過ちを起こさぬように引き止めてくれているのだろうが、受け取り方によっては少々こわい文言だ。

ネット上の噂ほどではなくとも、過去に何らかの事故はあったのかもしれない。

この場所がスポット化された理由のひとつに、橋の下に置かれた地蔵がある。

これは自殺者の霊を鎮めるための地蔵尊——勝手にそう思い込まれていた。それどころか、この地蔵が人を引き込むのだというネットの書き込みもあった。

打ち捨てられて苔むした地蔵は確かに不気味である。しかも一時は頭が落ちてそばに転がっており、かわりにキューピー人形の首がのせられていたこともあるという。

しかし、地蔵が置かれた本当の理由は鎮魂のためではない。

ゴミだった。

『朝日新聞（二〇二〇年七月三一日）』のコラムによると、地蔵は四十年以上前、付近に住む男性が設置したものであるという。橋の下にゴミを捨てる人があまりに多いことに憂慮し、もっともゴミの多い場所に地蔵を置いてみたら、捨てる者がいなくなったのだそうだ。

地蔵を置いた住人はもう引っ越しているそうだが、別の住人が落ちていた首をセメントで固定し、献花台を設置したという。

だからといって、この場所にまったく何もない――とは言い切れない。

私も幾度か、この橋を訪れたことがある。

橋の上からフェンス越しに道路を見下ろすと、引き込まれるような感覚に襲われる、というのもわかる気がする。それが霊の所為《せい》かはわからないが、異様な誘引力があるのは確かだ。

「打越」の地名の語源を調べると、「ウツ」には狭い谷や崖の意味があり、「コシ」にも崖の意味があった。

ここは、崖なのだ。

なるほど、崖にはそういう、引き込まれるような感覚を起こす不思議な何かがある。

高さ約十三メートルの橋。この場所も、多くの人を引き込んできた、各地の自殺の名所の崖と同様、〝誘《いざな》う〟力を放っていないとは言い切れない。

中区・南区

魔の崖

現在の中区から南区のあたりは、入海を埋め立てて造られた農地〈吉田新田〉であった。「鯡《にしん》のとれない横浜の樺太《からふと》」と呼ばれていたこの新田から、横浜という街は大きく発展していった。

街を造るためには、ひじょうに多くの土砂が使われた。

その土砂を採っていた場所がある。

首都高の下を流れる中村川、その川沿いにある南区中村町だ。

かつて中区であったが、編入を繰り返し現在に至る。

中村町の川に沿ったところには土採り場があり、そこに凄まじい断崖があった。

この崖からは何十人もの人が飛び込んで自殺をしたという記録がある。

当時は発展の光の陰に厭世《えんせい》の空気も濃く、新聞を見れば毎日のように心中、自殺の記事があった。だが、この崖で命を絶つ者たちが多かったのは、そんな空気に背中を押されたからではなく、先に飛び降りた者たちが友を求めて呼んでいるからだといわれていた。

人々からは〈魔の崖〉と呼ばれ、恐れられていたという。


この町の隣には、打越という町がある。先の〈飛び込み橋〉のある地だ。

打越は中村町の一部から生まれた町であり、現在の中村町との町境から〈打越橋〉までは三百メートルもなかった。

名の由来に〈崖〉を持つ、人を死に誘う橋。

それが、〈魔の崖〉のすぐそばにあったというのもすごい話である。

中区

百鬼夜宴の代官屋敷

スタジオジブリの作品『コクリコ坂から』に登場する町は、横浜をイメージしているそうだ。

そのコクリコ坂のモデルになっているのではないかといわれている坂の一つ〈代官坂〉。元町と山手を結ぶこの坂沿いには〈代官坂記念碑〉や〈旧石川代官所長屋門〉がある。

石川とは、ペリー来航時、開港交渉の場を様々な面で取り仕切っていた人物、第十一代目・石川徳右衛門である。この坂の途中には彼の屋敷があったとされ、一部建て替えられてはいるが、今も代官屋敷が残されている。

石川は代官ではなかったが、『横浜の坂』によると、開港後も彼は惣年寄《そうとしより》にあげられ、横浜の町政を司るなど、この町の有力者であった。それは代官にもあたる働きだとして坂に「代官」とついたとも考えられるが、そのあたりは判らないようだ。

〈代官坂〉の途中にあった石川徳右衛門の屋敷で怪異が起きたという話がある。

この家では毎夜、丑三つ時になると家鳴り、震動が起きた。天井から四斗樽（酒が七十二リットル入る樽）ほどの火の玉がコロコロ転げだし、チンチキチンと馬鹿囃《ばかばやし》が鳴り響くと、「ヤーイヤーイ」と木遣《きや》り歌、「南無妙法蓮華経」の題目と「南無阿弥陀仏」の念仏の声、鉦と太鼓、それらが入り乱れた大騒ぎが起こるのだという。

そうかと思えば、仏壇からは女の生首が顔を出す始末。

家の主は居たたまれず、同町一丁目の石川家と縁ある家に逃げ込んだという。

現在起きていることとして、明治九年九月の新聞が取り上げている。

保土ヶ谷区

見知らぬ骨箱

保土ヶ谷区宮田町《みやたちょう》にあった古物商の家で起きた。

昭和十一年六月二日、肋骨周囲結核によりこの家の四歳の二女が亡くなった。

近親者を招いてささやかな通夜をし、三日と四日の夜は引き続き二女の遺骨を安置した二階の部屋に閉じこもって念仏供養をした。

五日の朝、この家の奥さんが店頭の戸棚に見覚えのない紙包みがあることに気づいた。

包み紙を開けてみると、白綸子《しろりんず》（白色の絹織物）のかかった三寸角の杉製の骨箱だった。中には紙袋に入れた骨灰が入っていた。

当然、我が子のものではない。

付近の派出所に届け出ると、署員は葬具店にこれを調べてもらった。

白綸子の汚れ具合から見て、二、三年ほど前のものであろうとのこと。

骨灰の中には一寸ほどの骨が数本入っており、二、三歳の子どものものと判明する。愛する我が子を失って失意の底に沈む遺族の元に、なぜ他所《よそ》の子の骨が届くのか。あまりに気味が悪いので東光寺《とうこうじ》の納骨堂に納めてもらったという。報告を受けた保土ヶ谷署は本件を慎重に捜査したのだが、遺骨がどこの誰のものなのかは判明しなかった。

その後も、謎の骨箱に関する情報は一切公表されていないという。

西区・保土ヶ谷区

餅嫌い

横浜は日本で初めて写真館を開業した地の一つである。

「写真を撮られると魂を取られる」という迷信が流布したのもその頃だそうだ。

横浜はあらゆる「日本初」がある街だが、日本最古の心霊写真が撮られたのも横浜だった——そんな説があるのをご存じだろうか。

ちなみに当時は〈幽霊写真〉と呼ばれていた。

明治十二年一月十四日発行『仮名読新聞』第八百六十五号に、次のようなことが書かれている。

横浜港宮崎町《みやざきちょう》伊勢山の写真師〈三田菊次郎〉の写真館で、天徳院《てんとくいん》の住職がガラス撮り（湿板写真）を頼みたいとのことで撮影したところ、住職の後ろにぼんやりと女性の姿が写り込んだ。

三田は不審に思ったが、後ろから住職の奥方でも覗き込んでいたのだろうと、さして気にもしなかった。

写真を見せてくれろというので三田がガラス板を渡すと、住職は青褪める。

そこに写っている女性は彼の妻などではなかった。

一昨夜、彼が供養したばかりの近村からきた新仏《にいぼとけ》であるというのだ。

つまり、死んだ女が写っていたのである。


この住職は、保土ヶ谷区神戸《ごうど》下町（現在の神戸町）にある天徳院に勤める人物である。資料によっては〈小山天領〉という人物になっている。

写真館のあった伊勢山は宮崎町の高台であり、横浜の総鎮守である伊勢山皇大神宮がある場所だ。まさかそんな神聖な地で、住職が幽霊写真の被写体になるとは誰が想像しただろうか。

さて、これが本当に日本最古の〈幽霊写真〉かどうかだが——どうも怪しいらしい。

というのも、本件について書かれた資料は多数あり、それぞれ写真の撮影時期が微妙に違っているのだ。このことについては小池壮彦『心霊写真』（宝島新書）が大変詳しい。

〈幽霊写真〉とはまったく関係ないが、こんな話がある。

先の騒動の中心人物である住職が勤める天徳院。

ここには、餅の禁忌《きんき》がある。

天徳院の本尊は一寸八分の地蔵菩薩の座像であり、鎌倉初期の仏師・運慶《うんけい》作である。本院の創建者である小野筑後守はこの像を本尊とし、戦に向かう時は必ず持っていったといわれている。

この地蔵菩薩像は、なぜかひどく餅を嫌ったそうなのだ。

その嫌悪はすさまじく、崇りとして発露される。

供えることはもちろん、寺院内で餅を搗《つ》くだけでも必ず住職に不幸が起きる。食おうものなら喉に詰まらせて死ぬ。食わずとも寺院に持ち込むだけで、その者は怪我をし、病に罹る。

餅に関わるだけで、命に関わる不幸に見舞われるのである。

恐れて誰もその禁忌に触れぬようにしていたが、この禁を破って寺院内で餅を搗いた僧侶がいた。
彼はその日の夜のうちに頓死した。
地蔵尊がなぜ、それほど餅を嫌うのかは謎である。

港北区

祟りが集く台地

港北区《こうほく》の日吉《ひよし》は、東急東横線の開通と慶應義塾大学の移転とともに発展した町である。矢上川《やがみがわ》と東急東横線に挟まれた日吉台地（日吉台）は、今は大半が慶應義塾大学日吉キャンパスの構内になっている。

この東部一帯には、祟るものが密集している。

日吉台地は小田原落城時に憤死した武将・中田加賀守《なかたかがのかみ》の屋敷跡であり、丘陵一帯が先祖の古墳だった。屋敷跡は熊野神社を背にしたあたりで、付近一帯にはウツギが生い茂っており、この木に触れると必ず奇病に罹ると恐れられていた。

昭和十年、慶應義塾大学が校地整備に古墳の発掘を始めると、子孫の家に祖先の霊が現れた。

それは枕元に立ち、

「じょうぶつできない」

そう嘆きながら、恨みごとを言ったという。

こんなことが毎晩続くので、とうとう家の主は病みついて床に伏した。

この家だけではなかった。

他の子孫たちの家でも同じようなことが起きていた。

そういった理由から、大学側に発掘中止を陳情したのだという。

その後、親族会議の末、慶應義塾大学当局と交渉して替え地を得て、墳墓を発掘して現在地に改葬、供養塔を建て、ちゃんと供養できたのが昭和二十九年のことである。

その甲斐あってか、子孫たちの病は治ったのだが——。

子孫たちの命と引き換えに、墳墓発掘の作業員一名がその晩に頓死した。


日吉台地の中ほどに、岩屋堂《いわやどう》という観音堂がある。ここに十数基の墓がある。

その一基は触れれば「おこりふる」になるといい、近寄るものがなかった。

「おこり」とは「瘧」だろう。

岩屋堂の修理の際、屋根職人がこの石を動かしてしまったことがある。

この日、職人は屋根から転落して重傷を負ったという。

また、寄り合いの時に集まった一人が、これらの祟りを馬鹿にし、あろうことか墓のある場所で立ち小便をした。

たちまち病に罹ったそうだ。


日吉台地の東端にあった神奈川県最大級の古墳——観音松古墳《かんのんまつ》。

昭和十三年に取り壊され、今は付近に小学校ができている。

かつてこの古墳には〈観音松〉という松があった。

だが、枯れてしまったので昭和二十四年に川崎から来た三人の若者が、これを数日がかりで伐り倒した。

すると木の根元から黒く長いものが、のたうちながら現れた。

一匹の鰻《うなぎ》であった。

洞の中に水が溜まって、そこに棲みついていたらしい。

鰻は松を伐った三人の若者が焼いて食べてしまった。

その二人が急死。
もう一人もまもなく死亡した。
死亡した三人をよく知るという人物による記録である。

港北区・神奈川区

城址と一本松

港北区小机町《こづくえちょう》の〈小机城址《じょうし》〉は「続日本100名城」にも選定されている市内でもっとも有名な城跡である。

区史によると、太田道灌《おおたどうかん》が小机城を攻めた一四七八年の〈小机城の合戦〉以降、一時廃城となるが、後北条《ごほうじょう》氏の進出により修復され、その後も城主を変えながら存続、一五九〇年の落城以降に廃城となっている。

現在は〈小机城址市民の森〉として遺構は整備され、心霊スポットとして、かなりの知名度を持っている。

どのような目撃談・体験談があるのかを調べてみた。

城の本丸址付近で甲冑《かっちゅう》を着た武士の足音を聞いた、火の玉が飛び交うのを目撃した、興味本位で行ったら体調が悪くなった、といった報告は、心霊系スレッドやオカルト系雑誌でいくらでも見られたが、体験談、目撃談としては希薄で特筆すべきものがなかった。

戦の血腥《ちなまぐさ》さは城址より、その周辺に散る、今は無き地名の中に濃く臭うという印象だ。

神奈川区神大寺《かんだいじ》にある〈道灌森〉の辺り一帯は〈赤田谷《あかだやと》〉と呼ばれ、太田道灌が捕虜を処刑した血で田畑が赤く染まったという逸話が語られている。

南神大寺団地の南の丘には戦死者を祀る〈九養塚〉、六角橋中学の南側の丘にある、捕虜を捕えていたという〈刑付原《はりつけっぱら》〉なども生々しい。いずれも地図に名がないのが惜しまれる。


前置きが長くなったが、本物の祟りが起きたという話へと繋ぎたい。

神奈川区にはかつて〈平尾塚〉という高い塚があった。先の小机城にも関わる北条氏の家臣・平尾内膳《ひらおないぜん》の領地で、ここに居館（居城？）もあったといわれている。

そこには高さ約二十四メートル、胴回り約六メートルの樹齢六百年の老松があり、〈平尾内膳 物見の松〉、または〈神奈川一本松〉と呼ばれていた。

船舶の目標にもなったという名木だが、これが凄まじく祟るのである。

この松は明治四十五年に伐られた。

すでに枯れているので危険であるからという理由と、その大きさから周囲の田畑に陰になって、農作物に有害であったからであるという。当時の土地の所有者である製菓会社の支配人が農家の人たちに訴えられたのだそうだ。

だが、伐るべきではなかった。

その後に起きたことは、当時の新聞で記事になっている。

松の残骸は青木屋（青木湯）というところが買い取ることになった。

青木屋は人夫を出してこれを積極的に伐採したのだが、それから間もなく青木屋の責任者とその家族が次々と高熱で倒れていったのだ。

それだけでは済まず、この樹の枝を買い取った運送会社の家も謎の熱病が襲った。

この他にも、伐採に関係した者たちが次々と、名もわからぬ奇病に罹ったのである。

あまりに伐採関係者にばかり不幸や怪奇な事が立て続けに起きたので、松の祟りだといわれたのだそうだ。

港北区

アニヤは外

節分行事は夕刻に行われるものだった。

港北区では村の鎮守や屋敷神に向かって「福は内」と言いながら豆を投げる。豆をまき終えると、四辻や家の玄関などに飾り物やヒイラギを立てる。

この飾り物を作るときに、ゴマメ（カタクチイワシを煮干にしたもの）の頭に大豆の枝を刺し、「稲の虫、よろずの虫を焼き殺せ、チョッチョッ」と唱え、唾を吐きかけてから焙った。

これを〈ヤツカガシ〉と呼んだ。

それが済むと年男は、茄子殻や豆殻などを燃して炙った大豆を神棚に向かって「福は内」といいながら二度まく。続けて同じ方を向いたまま、外に向けて「鬼は外」といって一回まく。

豆をまくことは、家族を代表して我が家を邪気から守るという大事な役目を担うことであり、決してふざけてやるべきではない――そんな教訓となるような話がある。

日吉に住んでいた、ある兄弟の暮らす家でのことだ。
その年の節分で豆をまくのは、年男である兄の役目だった。
だがどういう事情があったか、この年は兄の代わりに弟が豆をまくことになった。
「福は内～」
神棚に向かって二回、豆をまく。
次は禍《おに》を外へ出さなければならない。
だが弟はつい、ここでふざけてしまった。
「兄《アニヤ》は外～」
そういって、外に向けて豆をまいたのである。
禍《おに》が出て行かずに居座ってしまったか、はたまた神罰が当たったか。
その後、すぐに弟は死んでしまった。
明治の初めに実際にあった、節分行事が招いた悲劇である。

中区

飛沫物件

中区根岸町《ねぎしちょう》の桜道という閑静な土地に一軒の貸家があった。

ここにオランダ人男性と日本人の女中の二人が住むことになる。

それは、入居初日から始まった。

夜の九時頃、同家の四畳半の間のほうから、けたたましい女の悲鳴が聞こえてきた。

何事かと驚いていると、掴み合いの喧嘩でもしているような激しい物音が四、五十分にわたって続く。そうかと思うと今度は廊下をドタバタと走るような音がする。

こんなことが毎晩続いた。

人が入り込んでいればさすがに気づく。きっと、狐狸のような獣がどこからか入り込んで騒いでいるのだろう。女中は夜を待ってから四畳半の間に赤飯や天ぷらなどを置いて誘《おび》き出そうと試みるが、後になって見にいくと口をつけた形跡はない。

原因不明のまま、叫び声のようなものや激しい物音は、日を重ねるごとにひどくなっていった。

これはただごとではない。

声や音の正体を知るべく、主人と女中の二人で問題の四畳半の間に入り、くまなく調べた。

なぜ、今まで気づかなかったのか――。

四畳半の間の柱にも壁にも畳にも、噴き出したものが飛び散ったような、不吉な汚れがびっしりと染みついている。

血痕である。

四畳半の間は、飛び散った血で全体的に染まっていたのだ。

連日続く叫び声、争うような物音、そして、この部屋の惨状。

それらは過去に何かがあったことを如実に指し示している。

オランダ人男性はすぐに引っ越しを決めた。

桜道にある貸家。ここは事故物件だったのだ。

オランダ人男性が引っ越してきた約十五年前に、こんなことがあった。

同区に住む下駄屋の男が、山手の谷戸坂《やとざか》辺りで靴屋を始めたのを機に、当時交際中だった愛人と、その母親の二人を先の桜道の貸家に住まわせ囲っていた。

だが、愛人が他に男を作ったのを知り、嫉妬に狂った下駄屋は、掴み合いの激しい喧嘩の末に愛人を殺害してしまう。

おそらく、愛人の母親も殺害したのだろう。

その現場となったのが、例の四畳半の間らしいのだ。

明治の頃の話である。

横浜各地

横浜河童譚

横浜には鶴見川や帷子川といった、かつて〈暴れ川〉と呼ばれた人食い川がある。他にも危険な河川や池などは多数あり、水辺に慰霊碑が建つ水域も珍しくない。多くの命を水に奪われてきた歴史がある土地だが、人を水底に引き込むのは、なにも自然の猛威によるものだけではなかった。

とくに子どもの水死には不可解な事故も多く、その要因のひとつに少なからず〈河童〉があった。

河童は民話や昔話の中だけの架空の存在ではなく、現代にも目撃談は採集されている。その証拠となる物や写真といったものまで見つかっているのである。

横浜にはこんな河童譚がある。

中抜き

旭区在住の八十代女性から採集された話である。

明治の終わり頃のこと。

同区の二俣川《ふたまたがわ》農協付近にあったF小学校の児童たちは、夏になると〈大池〉という池で泳ぐのが何よりの楽しみだった。

学校が終わってもまっすぐ家には帰らず、わざわざ遠回りして大池に寄って、帰りが遅くなっては親から叱られていたものだという。

ある年の夏も、学校帰りの児童らが大池に寄り道をした。

学用品を放り出し、すっ裸になると、みんなで池に飛び込んだ。

すると、一人だけいつまで経っても上がってこない。

変だなぁと思っていたら、その男子児童がぷかりと浮かんできた。

すでに死んでいた。

この男子児童には〈尻子玉《しりこだま》〉がなかったという。

以来、大池には子どもを引き込んで殺す河童がいると噂が立った。

尻子玉は架空の臓器である。

おそらく男子児童は、内臓の一部を抜き取られていたのだ。

この現場は、子ども自然公園の〈大池〉だと思われる。

証拠品

神奈川区の三ツ沢に、河童が実在した証拠があったという。

これを入手した経緯となる話が残されている。

神奈川町《かながわまち》（現在の神奈川区）と青木町《あおきちょう》の間を流れる〈滝の川〉を上がっていくと、京浜急行線沿いに浄瀧寺《じょうりゅうじ》がある。ここにはかつて滝があり、その滝壺に住むものが人を引き込んで溺死させることがたびたびあった。だからまったく人が立ち寄らなかった。

付近に住んでいた男性が、その正体をこの目で見届け、場合によっては退治してやろうと、馬を引いて問題の滝へと向かった。

滝に着くと突然、馬の背に飛び乗って来たものがあった。

注意深く構えていた男性は、これをすぐに捕まえる。

それは河童であった。

殴りつけてやろうとしたが、河童は泣きながらこれまで自分のした行為を謝罪し、事情があるのですと語った。

この滝壺に家族と住んでいるのだが、ある年に夫が蛇に殺されてしまった。二人の子を育てるためには背に腹は代えられぬと、仕方なく人を殺していたのだという。

二度としないので、どうか命を奪わないで欲しいと懇願するが、男性はこれを虚偽だろうと疑った。

河童は嘘ではないという証拠に、こんな約束をした。

「夫の首をさしあげます」

今夜中に男性の家へ届けるという。

男性はその言葉を信じ、河童を解放してやった。

その晩、男性宅の台所から大きな物音がした。
驚いて警戒しながら向かうと、何か怪物じみたものが転がっている。
それは河童の頭だった。
少なくとも昭和五年までは三ツ沢の某家がこれを保存していたらしい。
その写真も存在する。

金沢区

頭巾親子

金沢街道の朝比奈峠《あさひなとうげ》バス停留所付近と思われる。

車で走行中に母子連れが目撃されるという話があった。

時刻は深夜二時頃。不自然な光景である。

時間もそうなのだが、親子の身形が「いかにも」なのだという。

母親はモンペをはいて防災頭巾《ずきん》をかぶり、俯いて子どもの手を引いている。

子どもも防災頭巾をかぶって、胸に人形を抱いている。

——この場合、防空頭巾であろうか。

ヘッドライトが当たっても顔を上げるといった反応もなく、もう一度見ると母子の姿は消えているのだという。

付近の鎌倉霊園との関連もうかがえる、週刊誌でも話題になった話である。

神奈川区

赤い手拭い

明治の中頃のことである。

神奈川町の料理店を営む家を巡って、気味の悪い噂がたった。

ある年の六月初旬。同家で働く女中が、便所に掛かっている手拭いに汚れが付着しているのを見つけた。

汚れは血であった。

それからというもの、この家の手拭いはたびたび血で汚れた。

それも一枚ではない。同家には便所が四箇所あるのだが、奥の一箇所を除く三箇所に掛かっていた手拭いが、代わるがわる血で汚れるのである。

いくら交換しても同じことが起きる。手拭いの素材に原因があるわけでもない。

最初に見つけた女中の悪戯も疑うが、詰問すると絶対に違うと答える。

こんなことが毎夜起きるので、客か芸者の悪戯をも疑うのだが、どちらも店にいない時にも手拭いはしっかり赤くなる。主人自ら手拭いを交換してすぐに戻ってみても、やはり血はついている。

ネズミなどの小獣の死骸でもあるのではと天井の裏板や床板を取り外してみたが、何も見つからず。水に異常がある可能性も考えて調べたが問題はなかった。

今度は便所に寝ずの見張りを立たせてみた。

さすがに見張りのいる目の前では、手拭いに血は付かなかった。

かと思われたが、そうではなかった。

手拭いの見張りに見えている側は汚れなかったが、見えていない裏側には血がべっとりついていたのである。

もう、お手上げだった。

主人はこれを内密にするよりも世間に公表して教えをいただこうとした。

この件は哲学者〈井上円了《いのうええんりょう》〉の耳に入り、実地見聞の申し入れがあったというが、こんなことで哲学者の先生を呼んで調べさせるなど道理に外れたことだと、主人はこれを断っている。その頃には怪異も十日に三度ほどに減少していたというのもあったようだ。

こうして手拭いの血痕の原因究明は、なされることはなかった。

だが、どうも関連があるのではないかという話が浮上してきた。


料理店の隣には土屋という貸座敷があった。

その家の息子を養子にとったところ、料理店の娘と良い仲となり、二人は結婚した。

土屋の息子は実質、貸座敷と料理店の両店を支配する立場となったわけだが、本業であった貸座敷よりも料理店のほうに力を入れはじめた。

財産が増えると賭博場の客相手にあこぎな高利貸しを始め、自らも賭博客にいかさまを働くなどして悪銭を肥やしていく。

養子にとった男は最悪な性質の人間だったのである。

妻は夫とは反対に温和で善良な人なので、斯様《かよう》な夫の行動に思い悩んだ。

悩むあまり、ついには精神を病んでしまい、床に臥してしまう。

薄情なことに夫はそんな妻の看病をしようともせず、それどころか妻の実妹とふしだらな関係となる。

それを知ったか、哀れなことに妻は病が祟って死んでしまう。

するとまもなく、今度は妻の実妹が発狂する。そんな彼女を夫は座敷牢に押し込んだ。

妻が死に、その妹が狂うという異常な状況にもかかわらず、この男の心はまったく動くことなく、あまつさえ今度は商売女を孕ませて家に連れ込む始末。そうこうしているうちに、妻の実妹も病死してしまうのである。

やがて、この男と最初の妻とのあいだにできた二人の子が成長し、うち一人の娘が婿をとることになった。

散々、女を食い物にしてきた男も娘婿に全財産を渡し、例の商売女と別宅に移り住んで煙草屋を経営しだした。

これにて一軒落着——とはならない。

娘婿は新たに料理店の主人となるのだが、そのさなかに妻が精神を病んで死ぬ。

この料理店の家では、これまでに三人の女性が狂い死んでいたのである。

そして娘婿は、血の手拭いの怪異に悩まされることとなったのだ。

赤い手拭いの怪は、惨死した三人の女の亡魂のなしたことだと町の人たちは噂した。

四つある便所の内の三箇所の手拭いが汚れるのは、きっとそれぞれの便所に、それぞれの女の亡霊が居るのだろう。そして狂いながら、恨みの血に濡れた手を一心不乱に拭いているに違いない。

神奈川区

梅の森の哀れな女

神奈川区東神奈川の神明宮《しんめいぐう》。

かつて境内を上無川《かみなしかわ》が流れ、そこから牛頭天王《ごずてんのう》の御神体が現れたという伝説がある。

その境内には〈梅の森稲荷《いなり》〉がある。

由緒書きの看板によると、この稲荷には若い女性の旅人にまつわる哀話があるというのだが、あまり知られていない。江戸中期の頃の話である。

赤川大膳《あかがわだいぜん》という賊がいた。

元々は美濃《みの》にある寺に居候していたが、たびたび切取強盗をしていたことが役人の耳に入り、追われる身となった。

江戸へ向かう途中、神奈川宿の亀屋という旅籠《はたご》屋に泊まった。

ふと隣の部屋を覗くと、若い女がたくさんの小判を数えている。

邪心を持つ彼が素通りできるはずもなく。

その夜、隣の部屋に忍び込んだ大膳は女を殺害し、金を盗んで旅籠屋から逃走した。

翌朝、女の死体を発見し、一人の客の姿がないことに気づいた旅籠屋だったが、このことを役所に伝えることに躊躇した。店を没収されて商売ができなくなるからだ。

考えた末、旅籠屋は女の死体を梅林の中に埋めて隠してしまった。


無残に殺され、金を奪われ、亡骸《なきがら》を隠されて居なかったことにされる。

そんな哀れな女は、いったいどこの誰だったのか。

女は江戸で所帯を持つ身だった。

だが、何が不満だったか婿を嫌って家を飛び出し、そのまま尼僧にでもなろうかと鎌倉へ向かっている途中で起きた悲劇であった。

その頃、婿の家では嫁を捜していた。

捜査の末、宿泊先までは突き止めたが、旅籠屋は知らぬ存ぜぬを決め込んだ。

だが、どうにも怪しいので代官所に頼んで調べてもらうと、旅籠屋は観念し、すべての事情を説明した。

こうして、梅林の中から女の死体が見つかった。

それからというもの、梅林の辺りでは悲しそうな泣き声が聞こえるようになる。殺された女が化けて出るといい、夜に外出する者はいなかった。

事情を知った人たちは彼女を哀れんで、梅の森稲荷をつくって祀った。

大膳は後に刑死するが、それも殺した女と稲荷の祟りだといわれたそうである。

磯子区

大ぼとけ

かつて、磯子《いそご》区中原に大文字という場所があった。

このあたりは昔、ススキや篠竹や雑草の茂る藪であった。病院前にポンコツ置き場があり、そこに「南無阿弥陀仏」と書かれた高さ二百八十センチの角柱の無縁塔があった。

近隣住人はこれを〈大ぼとけ〉と呼んでいた。

この石塔のまわりは、中原海岸の浜に流れ着いた水死体や行き倒れの死体を埋葬した場所で、徳川中期の頃は刑場であったといわれている。

そのせいか、夕方になると石塔のそばに幽霊が出る。だから、人通りはほとんどなかった。

この場所で夜な夜な、怪しい火が目撃されたことがあった。

町の腕っぷしの強い男が集まり、火の正体を確かめに行くことになった。

暗くなってから〈大ぼとけ〉に行くと、闇の中に微かに動く人影がある。

男たちは一瞬怯《ひる》んだが、一斉に影にとびかかった。

それは人だった。

ただ、まともではない。

男は石塔の下を掘り、土座衛門の骨を盗もうとしていた。

何のためだと問い詰めると、細工物をこしらえるつもりだったと答えた。

怪火の正体についての記録はない。

骨掘り男の灯し火なのか、死人の燃やす陰火であったか。

〈大ぼとけ〉は関東大震災で折れてしまったが、同区の願行寺《がんぎょうじ》に移して修理をされ、その後は墓地に安置されたという。

水死体を埋めていた場所は現在、一階に店舗の入った集合住宅となっている。

港南区

さわげ

徳恩寺《とくおんじ》のある港南《こうなん》区日野中央のあたりは、かつて宮下村と呼ばれていた。そこに沢ヶ谷集落があった。

宮ノ下川に沿う道の高速道路側から港南台一丁目へかけてをそう呼んでいたようだ。ここには〈さわげ婆〉という亡霊が現れるといわれていた。見ると必ず死ぬといわれており、この亡霊と遭った人が三日三晩うなされて死亡したという話が残っている。

この老婆は何者なのか。調べても出てこない。どのような姿の老婆だったかの記録も見つからない。見れば必ず死ぬのだから記録されていないのは当たり前なのかもしれないが。

名前だけが伝わる妖怪のようなものなのかも不明なのだ。

ただ、名前にある〈さわげ〉が、老婆の名でないということはわかった。

徳恩寺は新四国東国八十八ケ所霊場の六十九番目の札所であり、そこから同区の阿弥陀《あみだ》寺《じ》に向かう白装束の巡礼が通った。

彼らは「ざんげ、ざんげ」と唱えながら通ったので、それが「さわげ」になって、沢ヶ谷になったという説があるのだ。

この老婆の霊の呼称も、ここから来ているものと思われる。

ならば、老婆は巡礼者であったのか。そういう記録もまだ見つけられていない。

この地域に住む子どもたちは、巡礼の後をついていくなと厳しくいわれていたそうだ。

港北区

橋場

鶴見川に架かる港北区の大綱橋《おおつなばし》は昭和十一年に造られた。

この橋が架かるまでは、現在の橋の下流約百メートルの場所に木造の橋があった。〈綱島橋〉と呼ばれていた。

跨いでいるのは〈暴れ川〉、洪水の被害を幾度も受け、そのたびに流され、そのたびに新橋建設の陳情書類が出されていた。

この橋のたもとは〈橋場〉と呼ばれ、商人や店などが軒を連ねる盛り場であった。

旧幕時代、ここには軽犯罪者を収容する留置場があった。

罪人は付近にある下の谷と呼ばれる淋しい松林に連れていかれ、そこでもっとも軽い刑罰の百叩きを受けた。軽いといっても皮膚が裂けるほどの痛み。罪人の泣く「ひぃひぃ」という声が近隣の家にまで届いたものだという。

ここに通ずる道はとても暗く、夜には人通りもなくなるので住人にとっては怖い場所であった。

川の溺死者か、罪人の生霊か、この道で白衣を着た幻のようなものを見た人がいて、怯え切って名主の家に駆けこんでくることがあったという。

磯子区・港南区

おどり畑

磯子区と港南区にまたがる〈久良岐《くらき》公園〉は心霊スポットとしても知られている。幽霊を目撃したという報告がネット上にちらほらあるので調べてみたが、私の調査不足か、過去に殺人事件の現場になったという情報ぐらいしか出てこず、ここに書けるような話は見つけられなかった。

その久良岐公園からそれほど離れていない場所に〈森が丘〉という地名を見つけた。これまでの経験上、丘はよく人骨や祟りが掘り出されるので調べてみた。

その名の通り、このあたりは森のある、こんもりとした小山であったらしい。

中央を上大岡《かみおおおか》駅と屏風浦《びょうぶがうら》駅を繋ぐ京浜急行本線が通っている。

京浜急行が開業当時、湘南電車と呼ばれていた頃、森が丘のトンネルの上は森になっており、ここで起きたという奇妙な話が記録されていた。

トンネルの上の森は所々、木が伐採されており、そういう場所は畑になっていた。

ある年の春、Mさんという男性が肥やし桶を担いで、森の畑に行くと言って家を出た。

だが、夜になってもMさんは帰ってこない。

家の人たちは心配だったが、捜しに行くには夜の森は危険である。

そんな時、近所に住む男性がMさんを訪ねてきた。

まだ帰宅していないと聞いて男性は近所に声をかけ、Mさんの家の人も含めて四人で森の畑へ捜しに行った。

暗い森が途中で抜けて開けた場所に出た。

畑である。

真っ暗で何も見えない。が、微かに人の気配があった。

よく見ると、遠くで影が動いている。

Mさんの名を呼んだが返事はなく、黒い影は動き続けている。

目が慣れてくると、その影は人影であることがわかる。

両手を上げて、足を上げて。

激しい動きで踊っているようだった。
灯りもない真夜中の畑の真ん中で、あまりに異様な行為だ。
そろりそろりと近づいてみると、それはやはりMさんだった。
Mさんは一人で踊っていた。
四人で声をかけるが、まったく反応しない。一心不乱に踊り続ける。
しかたなくMさんを押さえつけて強引に連れ帰った。
Mさんは二、三日寝込んだが、その後はとくに異常などもなかった。
ただ、本人には踊っていた記憶がまったくない。
あの夜、なにかにとり憑かれていたとしか思えなかった。
Mさんの畑は〈おどり畑〉と呼ばれるようになったという。

森が丘二丁目のバス停留所・二ノ辻からトンネルの上にかけて、そこは狐の棲家だったそうである。この話を狐狸憑依譚で済ませるのは簡単だが、もう少し土地について調べてみることにした。
ここに線路を通すのに、願行寺の墓地の移設が大変だったと記録にあった。当時は寺院移設の際、墓苑の移し漏れた遺骨が工事の際に見つかることがあった。そういう場所が祟りを起こし、怪しいことを起こしたという話は多い。

また、森が丘一丁目のバス停留所・東三ノ辻付近の高台に小さな塚があり、〈百八塚〉と呼ばれていた。過去に悪疫で多くの死者が出た時、深く穴を掘って炭を入れ、人里離れたこの場所に死体を埋めたという場所である。百八個の数珠の珠を塚に一つずつ埋めたことから、そう呼ばれたのだという。

磯子区

下りる手

磯子区森には〈白旗《しらはた》明神神社〉があった。

源《みなもとの》頼朝《よりとも》ゆかりの社であり、昔は白旗の幟《のぼり》をあげていた。

その幟が褌《ふんどし》のように見えるので、字を書いておけばいいだろうと〈白旗大明神〉と筆で書いたら、強い風が吹いて幟をすべて倒してしまったので元に戻した。白旗であることに意味があるのかもしれない、という奇譚がある。

次の話は明治の初めの出来事で、体験者の孫が語った記録である。

秋から冬の夜に、近隣に住む人たちが白旗神社の中に集まることがよくあった。

なにをするというわけでもなく、夜更けまでお喋りなどに興じていたのだが、ある時、誰が言い出したのか、博打でもやろうという話になった。

さて、始めようかとなった、その時。
いきなり社の天井から、ものすごいものが下りてきた。
それは、五尺ほどもある毛だらけの腕であった。
腰を抜かす者、気絶する者もいる。動ける者は這う這うの体で逃げだす。
神聖な場所で博打などしようとするからだと人々は噂しあった。

白旗明神神社は明治四十一年十月に浅間神社に合祀されたが、今も周辺には白旗川遊歩道や白旗の桜など、地名にその名が残されている。
神社のあった場所には現在マンションが建っている。

鶴見区

褐色の手形

K氏は独身時代、毎晩のように会っている友人たちがいた。

その日の夜もK氏のマンションにSとUが遊びに来た。

集まるのはいいのだが、これといってすることがない。今さら語らい合うようなこともなく、煙草をぷかぷか吸って、軽く酒も飲んで、各々マンガを読んだりゲームをしたりと自由に過ごしていると、Sが急に素《す》っ頓狂《とんきょう》な声を上げた。

今の今まですっかり忘れていた〈話〉を思い出したという。

「聞いてよ、ほんとにヤバい話だから」

鶴見区の某市立小学校に通っていたSが四年生の頃である。

その日は早朝に一人で学校へ行く用事があった。理由は覚えていないが、おそらく日直か、グッピーの餌やり当番ではないかという。

下駄箱で上履きに履き替えていると、急に猛烈な腹痛に襲われた。強い便意を伴う痛みだ。

学校のトイレで大をするのは恥ずかしい年頃と時代だった。まだ登校してくる時間ではなかったが、念のために児童が使いそうもない職員室付近のトイレを利用しようと急いだ。

ところが、Ｓの目論見は大きく外れてしまう。

職員室前の廊下の突き当たりに、人だかりができている。

そこはまさにＳが向かっていたトイレであった。

先生が三人ぐらい、児童は五、六人、もっといたかもしれない。

Ｓさんは絶望的になった。

かなり差し迫った状況で、今から他のトイレに向かう余裕はない。

ひと目を気にしている場合ではないと意を決し、歩みを速めた。

集まっているみんなは異様なほどに静かだった。

何をするでもなく、無言でトイレの入り口付近に突っ立ち、一点をぼうっと見ている。

児童や先生たちの視線は女子トイレの中へと注がれている。

何があったんだろう。気にはなるがトイレが優先だ。

児童たちをかき分けて前へ出たSは、壮絶な光景に目を奪われた。

床、壁、天井、個室トイレの扉。

女子トイレの中が、どこもべっとりと茶色い泥みたいなもので塗りつぶされている。

この色は、大便だとわかった。

よく見ると手形がたくさんある。

床や天井や扉に手をなすりつけ、そのまま半円を描くようにこすった筋の跡。平手を叩きつけて飛沫が飛び散ったような跡。

女子トイレの中が排泄物まみれになっていたのである。


てっきり怪談話なのかと構えていたというUは、Sの糞尿譚《ふんにようたん》に爆笑していた。二人は同じ小学校だというが、Uはこの話をまったく知らなかったらしい。

「どうだ、いい話だろ」と得意げなSだが、ふっと真顔になり、「でもなんで今まで忘れてたんだろ」と首を傾げる。

K氏は、どうにも笑えなかった。それどころか不気味な話だなとさえ感じた。

女子トイレの壁も床も天井も汚すなんて、一、二回の排泄量でできる芸当ではない。相当な量を溜めて持ち込んでいたはずだ。

そして、手形は天井にまでついていたという。

想像してしまったのだ。異常に背の高い汚物まみれの人間が、ひと気のない学校のトイレで、べたべたと排泄物の手形をつけている光景を——それは変質者の域を超えている。

「よくみんな耐えられたな」とU。

「なにが?」

「いや、だってさ」

すべてが排泄物なのだ。女子トイレからは耐え難いほどの強烈な臭いが放たれていたはずだ。臭いは現場だけに留まらず、そのフロアの廊下や教室内にまで及んだに違いない。

変だな、とK氏は感じた。

Sは臭いについては一切話していない。一生記憶に残る臭いだったはずだ。

彼の見た先生方やほかの児童たちも、目も鼻も覆いたくなるような現場の目の前から、微動だにしなかったというのも不思議だ。

ほかの記憶も徐々に思い出してきたのか、Sは当時の様子を詳細に説明しだした。

そんな彼を見ながらK氏は、やはり違和感を強く覚える。

Sの話を聞いていても、なぜかその光景がイメージできない。排泄物まみれの女子トイレの光景が。

彼の話でK氏が想起した色は、排泄物のものではなかった。

K氏は確認の為、Sにこう尋ねてみた。

「Sが見たのってさ、血じゃないよな？」

この場の空気が一変した。

Sは半笑いのまま顔をこわばらせている。

大丈夫かとK氏が訊くと「ゾッとしたわ」と返す。

K氏の口から〈血〉と聞いた途端、汚物だと認識していたはずの記憶が、急に揺らいだのだという。

記憶に刻まれた女子トイレの光景に、茶色ではなく真っ赤な色を塗り重ねたら、鮮明に記憶が再現されたかのようにイメージできたのだという。

血まみれの女子トイレを。

こんな凄まじい思い出を忘れることなんてできるだろうか。

本人にとってあまりにショッキングな出来事は、脳の防衛本能が忘れさせてくれる、そんな話は漫画でしか知らないので現実味がない。第一、そんな大事件が起きていたなら、同じ学校に通っていたUは絶対に知っているはずだ。

「夢とかじゃないんだよな?」

絶対に違うとSは断言する。

「一緒に見てた人がいるんだろ」とU。その場にいた児童や先生が誰かは覚えていないのかと彼が訊くと、「みんな知らない顔だった」とSは不安そうに答える。

違う学年なら顔はわからないが、先生ならばアルバムを見ればわかるかもしれないからと確認もしたそうだ。

結局、トイレの前にいた先生も児童も誰なのか一人も判明しなかった。

南区

埋められたもの

昭和九年のことである。

午前三時頃、菓子行商をしている五十代の男性が、南区真金町《まがねちょう》の丁字路の中央で、怪しい動きをしている二人組を見た。

どちらも男で、周囲をうかがいながら無言で地面を掘っていた。

なんだろうと隠れて様子を見ていると、二人組は何かをそこに埋め、土をかぶせて元通りの地面にすると足早に去っていった。

気味が悪く思った行商の男性は、この件を警察署に届け出た。

駆け付けた署員が立ち会って丁字路を数箇所掘ってみると、三十センチほどの深さのところに二本の短刀が埋められていた。

刃渡り十五センチほど、柄は朱塗りのなかなか立派な物だった。

また、短刀と一緒に二枚の紙が埋められていた。各々に次のように書かれている。

《岩村家男の生霊》

《岩村家女の生霊》

どうやら、呪符《じゅふ》のようである。岩村という家に恨みを抱く者らの仕業と思われた。

現在その場所には五階建てのマンションが建っている。

西区

父の行方

西区戸部本町の宿舎に住む、Nという人の父親が消えた。

経緯はこうである。

その日の晩、父親は雪隠《せっちん》に行くと言って部屋を出て行った。

それが一時間経っても戻ってこない。

妙だなと見に行ってみるが雪隠の中に人の影はない。思えば、雪隠から出た様子も感じられなかった。

父がいない。

家中が大騒ぎになった。

こんな夜にはたして外へなど出ていくものかと戸締まりを見たが、開けて出ていった様子がまるでない。しっかり施錠もされている。

外に出ていないのならば家の中にいなくてはならないのに――。
完全に消えたのである。
念のため、宿舎内の他の部屋へも尋ねてまわったが手掛かりはない。
建物の天井から縁の下まで捜したが、結局見つからなかった。

明治九年のことであるという。

西区

くらやみ坂と、ちんとんしゃん

『亡き父が　暗闇坂の仕置場に　晒首《さらしくび》見し　明治の初め』

横浜の歌人、飯岡幸吉《いいおかこうきち》の詠んだ歌である。

〈くらやみ坂〉は西区伊勢町三丁目あたりから一丁目までを通る坂である。

昔は付近一帯が樹木で鬱蒼としており、日中でも暗かったので「暗闇坂」と呼ばれたという説が目立つが、それは誤りで、この坂を馬を引いて通る人たちが一旦休む場所であるから「鞍止坂」である、という説もある。

先の歌にもあるが、ここには〈戸部刑場〉があった。

死刑囚は町中を引き回された後、ここで斬首され、刑場や晒場《さらしば》に首を晒された。

放火は火炙り、親殺しは磔《はりつけ》、偽金造りは打ち首であった。

付近の家では、首を斬られる罪人の「ヒーヒー」という泣き声が聞こえてきたそうだ。坂の上には首切り役人の家があり、首を洗った井戸もあったという。

当たり前のように「罪人の生首が浮かんでいるのを見た」という怪談・目撃談がネット上に散見されるが、生首が浮かぶ、ただそれだけの話である。刑場のあった場所なら、どこでも夜な夜な生首が浮かんでいるのではないかという印象を受けてしまった。付近に生首以外の怪談はないのかと探してみると、シンプルではあるが二つほど不思議な話があった。

ひとつは年代不詳だが、まだ刑場があった頃と思われる。
夜に〈くらやみ坂〉を一人で歩いていると、横から子どもが飛び出してくる。子どもは少し先を歩いて、たまに振り返ると、にやっと笑いかけてくる。
自分の祖父がよく見た、という話が観光協会発行の資料にある。

もうひとつは明治の話である。

くらやみ坂を道なりに行き、現在の根岸道路を渡った伊勢町一丁目付近。
その辺りを深夜二時ごろ、一人の警察官が巡回していた。
ちんとんしゃん　ちんとんしゃん。
どこからか、そんな音色が聞こえてくる。
耳を立てながら辿っていくと、音は一軒の家の辺りから聞こえる。
そこは人の住んでいない空き家であった。
妙だなと近づくと、音色は空き家の縁の下の方から聞こえる。
いよいよおかしいぞと、警官は棒を握って縁の下に潜り込んだ。
蜘蛛の巣を棒で払いながら這い進むと、振りまわした棒が何かに当たる。
見ると、そこには三味線と棹《さお》、そして鉄瓶があった。
これを弾いたであろう者の姿はそこにはなかった。

西区

珍談　牛の首

怪談とは違うが、百鬼夜行の跋扈《ばっこ》する「夜の横浜」らしい珍談を見つけたので、この機会に記しておきたい。

明治十年一月十九日の夜、奇妙な落とし物がたくさんあったという記録がある。

西区伊勢町に住む某家の持ち山には、湯沸かし具の〈銅壺〉が二つ落ちており、同区南幸《みなみさいわい》、帷子川に架かる平沼橋の近くには〈小便器〉二据《すえ》が落ちていた。

伊勢佐木町では「生首が落ちている」というので大勢が見に集まると、往来の真ん中で〈牛の首〉が転がっていた。それを見た者たちは、げらげらと笑っていたという。

中区

平成七年某日

平成七年、横浜駅で大きな異臭事件が起きた。

一人の男が防犯用スプレーを散布したことによるものだった。

当時のことは私も覚えている。

約ひと月前の某日、もっと大きな事件が起きていたからだ。


Kは当時、二十歳。中区にある会社に就職したての頃だった。

上司に一人暮らしをする予定だと話すと、会社が所有している物件に空きがあるという。

社宅として賃料も安くしてもらえると聞いて、内見もせずに即決した。

横浜市営地下鉄ブルーラインの阪東橋《ばんどうばし》駅付近にある、オートロック付きのワンルームマンション。初めての一人暮らしにしては上々だった。

引っ越して数日後、部屋の中で異音がするようになった。

ごつん、ごつんと、固いものを壁にぶつけるような音である。

Kの部屋は最上階の角なので、音は隣から以外に考えられない。

特に気にもならなかったが、音が聞こえるのはこの日だけではなかった。

毎日ではないが、頻繁に聞こえる。

だんだん心配になった。隣は厄介な人間かもしれない。

会社の所有する物件はKの住む一室だけなので、他の住人の情報はない。顔も見ていない相手に苦情を言いに行くのも不安だし、管理会社に訴えるのも逆恨みが怖かった。

こうなると、前の入居者が出て行った理由も気になってくる。

上司へ相談することも考えたが、家賃を安くしてもらっている手前、あまり大きくも出られない。文句を言って面倒な奴だと心証を害しても今後の仕事に差し障るかもしれない。賃貸の取り消しでもされたら住むところもない。我慢するしかなかった。

だが、数日後、話せる流れができたので異音の件を上司に相談してみた。

前に住んでいた女性からは、そんな話は聞いたことがないという。

そこで初めて、前の入居者がどういう人物なのかを聞けた。

二十代前半、地方から出てきたばかりで、よく顔に痣《あざ》を作ってきたそうだ。

どうも、元カレからDVを受けていたようであった。といっても、本人からそういう話を聞いたわけではなく、あくまで上司の憶測である。

それとなく痣の理由を訊ねると、口をつぐんで何も話さなくなったという。営業と接客が主な業務なので、さすがに顔に痣ばかりある人間を使い続けるのは難しく、会社側から頼んで辞めてもらうような流れになったのだそうだ。

だが、それと異音はなんの関係もない。

平成七年某日

半月ほど経った頃、一人息子の初めての城に両親がやって来た。

デパ地下で買ってきた弁当で家族揃って夕食をとっていると、例の音が聞こえてきた。

Kは、なにもいわなかった。

だが、両親とも不穏な空気を感じているようで、とくに父親は気になるらしく、首を何度も傾げて、何かもの言いたげであった。

食事が終わっても、音はまだ不規則に聞こえてくる。

父親はどうも気になって仕方がないようで、ベランダ側の窓を開けてみたり、部屋の外に出てみたりと、音の出所を探している。

「この音のほかに、人の声も聞こえるよな?」

急に父親がそんなことを言い出した。

ごつん、ごつん、という音と同時に、短く女の声がするという。

そういわれてから聞くと確かに、ごつん、と同時に高い声が聞こえる——気もするが、Kにはそれが人の声かどうかまでは判然としなかった。

母親はまったくわからないと首を振る。ただの騒音じゃないのと。

父親だけはずっと、「これはだめだ」「ここ大丈夫か?」「誰かが死んでるんじゃないか」と、息子の城にケチをつけてくる。本人は脅かしているつもりはまったくなく、本気なのがわかるのでKはいよいよ不安になったという。

数日後、玄関ポストに一通の茶封筒が入っていた。

差出人を見たが、個人ではなく団体名。部屋番号は合っているが名前は知らない女性だ。前の入居者のものが届いてしまったようだ。

わざわざ取りには戻ってはこないだろうと判断し、処分しようとしたが、中途半端な興味で封筒を開封してみた。

なんらかの団体の会報誌だった。

青インクでプリントされた商品リストのような紙も入っている。

ぱっと見、興味のあるものではなさそうなので、破って廃棄した。

それからほどなくして、世間を震撼させる事件が起きる。

三月二十日。

地下鉄で化学兵器が使用され、多くの被害者が出た。

後の報道で、事件に関与している団体名を聞いて、Ｋはゾッとする。

誤って届いた封筒、その差出人のところに書かれていた名前だったからだ。

父親の言っていた言葉が頭の中に蘇った。

——誰かが死んでるんじゃないか。

入社四ヶ月で会社を辞めて実家に戻る前日まで、異音はずっと聞こえていたという。

西区

舌の祟り

キツネにまつわる怪談は数あるが、横浜はとくに憑くキツネの話が多いという印象だ。だが、野生動物としてのキツネにも不思議な話はある。

西区戸部町に田丸屋という酒店があった。

ここに勤める若い従業員が得意先へ御用聞きに行った帰り、草むらに一匹のキツネを見つけた。

仔ギツネに乳を与えているところであった。

悪戯心が働いた彼は、そっと近づいて手近にある石を掴むと、親ギツネに向かって投げつけた。

石は親ギツネの脚に当たった。

驚いた親ギツネは片足をひきずりながら、我が仔を置いて逃げてしまった。

従業員は「しめた」と、これを捕まえて持ち帰った。

酒店の主人や同僚たちは「きつね汁」にしようと喜んだ。

仔ギツネの調理時、酒店の主人は舌を切っておいた。

キツネの舌は上等な漢方になり、また「福の神」と呼ばれる縁起の良いものであったので、干物にして箪笥の奥にしまっておいた。


その後、この店は急激に不景気になった。

売り上げが下がるのみならず、店や主人の家で不幸なことが立て続けに起こる。

やがて酒店の主人も死ぬ。

あまりに不幸が続くので、原因があるのではと考えた田丸屋は、行者を呼んで店の中を見てもらった。

行者は結論として、キツネが祟っていると告げた。

遺族らは死んだ主人が「キツネの舌云々《うんぬん》」と言っていたのを思い出し、箪笥からそれを見つけ出すとこれを稲荷明神として祀り、岩亀横丁の鬼子母神堂で供養してもらった。

キツネの舌にまつわる短い話も一つ。

付近の町では、赤ん坊を歯が生えていないうちに一人で置いておくことを忌む。そっとキツネが家に入り込んで、赤ん坊の口に舌を入れて殺すことがあるからである。だから子供を一人でおく時は、必ず鍋墨（鍋や釜の底についた煤）を下げておく。

西区

情欲の幽霊屋敷

西区老松町《おいまつちょう》の野毛山公園付近にあったC家は、〈幽霊屋敷〉と呼ばれていた。

その家は戦後、長いこと空き家になっていた。次のような理由で。


この家の先代H彦は貿易商であった。

ある程度の財産を作ると彼は貿易商をスッパリやめ、山梨にある〈ホタル石〉の山を購入した。飛行機の生産になくてはならぬ鉱石で、これぞ先見の明、大いに当たって彼に巨万の富が転がり込んだ。

するとH彦は急に、芸者遊びや遊郭にはまりだした。

仕事ばかりでろくに遊びを知らなかった彼は、歯止めが利かぬほど女遊びにのめり込んだ。

夫の金遣いの荒さや女遊びを気に病んだ妻は身体を壊し、それが祟って死んでしまう。

H彦は哀しむどころか、一番金を落としていた芸者を家に引っ張り込む。

一年も経たずに芸者の女は身籠り、子のなかったH彦は喜んだ。

ところが、腹の子の父親はH彦ではなかった。芸者の勤める店の店員であった。

H彦はまったく気づかなかった。

違和感を覚えたのは、子が生まれてからだ。自分とまったく似ていない。

密通がばれては事だと芸者の女は店員の男と共謀し、H彦を殺す。

その後は、元・店員の男がこの家の主となる。

子は、すくすくと育っていく。さすが、この二人の血をもらった息子、彼も手のつけられない遊び人になった。さすがの両親もお手上げな放蕩っぷりで、嫁でも持たせれば直るかとA子という女性を家に迎えるが、結局息子はまた放蕩生活に戻ってしまう。

そんな息子に怒りがわいた両親は、少しだけ懲らしめてやろうと二人で折檻した。

すると打ちどころが悪かったのか、息子はひっくり返って仰け反ったまま、ピクリとも動かなくなった。

こうして両親は殺人容疑で引致され、保釈中に原因不明の病気で妻が死に、続けて夫が発狂した。

A子の天下である。彼女は邸宅に船員の男を出入りさせるようになるが、そうなると狂った義父が邪魔になる。座敷牢を作って押し込め、やがて船員と計って殺害。それから半月と経たぬうちに、その船員の乗った軍の輸送船が撃沈されてしまう。

その後もA子は次から次へと男を作ったが、やがて奇妙なことが起き始める。連れ込んだ男と同衾《どうきん》していると、急に相手がもがき苦しみだす。行為の最中、誰かが首を絞めるのだという。しまいには、「誰かが枕元にいる！」「恐ろしい顔だ！」「四人！」と譫言《うわごと》のように繰り返しだす。

こんな噂が野毛山一帯に広がったのは、彼女と関係を持った男が漏らしたからか。やがて、C家には四人の幽霊が出るといわれた。

そのうちA子も病床に臥し、ある日突然、首を吊った。

この家は昭和三十四年まであったそうだが、その後に取り壊され、跡地には公共施設関係の建物が建てられたという。

国道246号線

横浜タクシー幽霊事件簿

中区にある馬車道と伊勢佐木町間を通る首都高速掘割（水路）に架かる吉田橋。
ここは重要な交通路であったため、明治四年まで橋のたもとに関所が設けられていた。
ある晩、ここを通りかかった一台の人力車が若い女に呼び止められた。
女を乗せ、指示されるままに向かった先の家では、通夜の真っ最中だった。
どういうことかと振り返ると、女はいなくなっている。
ただ、彼女の座っていた座席が、しっとりと濡れていた。

昔からタクシー業界で語られる〈消えた客〉の話と酷似している。
この時代から乗客が消える怪異はよくあったようだ。拙著『黒異譚』には、乗客の女性が消えた代わりに、アオダイショウが座席を這っていたという話を載せている。

消えた乗客が座席に何かを残していく話は今もあるようで、つい先日も外苑西通りをタクシーで移動中、運転手の方から聞くことができた。内容は誰もが知るタクシー怪談であった。

次に掲げるのは、車を運転する人には別の意味でヒヤリとさせられる話である。

国道246号線を利用する人たちのあいだで奇妙な噂が広まった。

横浜バイパス付近で女の幽霊を目撃したという運転手が頻出したのだ。

その女は土中から湧き出るように現れ、車に向かって体当たりをしてくる。

ああっ、やっちまったぁ……。

飛び込み自殺か？　それとも当たり屋か。

焦った運転手はすぐに車を降りて確かめる。

不思議なことに、車の下や周囲を捜しても女の姿などどこにもない。

この件では警察も捜査しているが、女の正体は不明であるという。

この事件の記事を、私は昭和四十一年発行の少年漫画誌で見つけた。

正直、そこまで信憑性のある話だとは思っていなかった。

ところが、この女は数年後にも同じ現場で幾度も目撃されていたのだ。

それは、新聞記事になるほどの大きな騒動になっていた。


昭和四十六年、２４６号線の緑区青葉台《あおばだい》（現在は青葉区）つつじ橋陸橋付近で深夜、道端に女が現れるという噂が立った。

その女は走ってくる車の前に現れ、止めようとしてくるという。

青葉台や長津田《ながつた》は、この話でもちきりとなった。

目撃情報をまとめると、この女の年齢は三十五、六歳。白っぽい着流しの姿で髪はバサッと肩まで垂らし、顔色は異様に青白い。足はスーッと消えている。

現れるのは小雨の降る晩が多い。

目の前でスーッと消えてしまったという話や、（幽霊なのに）足があったという報告もあった。

目撃がある現場は、昭和四十三年頃から七名もの事故死者が出ている〈魔の陸橋〉であり、幽霊は「事故死した女性」ではないかと囁かれていた。

横浜市川和警察署は、市民に不安を与えぬために真相を究明しようと、青葉台駅前の交番に午前一時頃のパトロールを強化させたという。

この新聞記事が出た同年に発行された週刊誌には、２４６号線を利用する運転者のあいだで広まっていた話として、タクシーの乗客の体験談が掲載された。

昭和四十六年八月十六日。

北海道旅行から戻ってきた二十代女性Yさんは、タクシーに乗って自宅に向かっていた。

青葉台にさしかかろうという午前二時頃。

真っ暗な道端で手をあげている女性が目に入った。

こんな時間に人通りのない道で、女性がひとりぼっちでいるなんて。

気味が悪いが、少し気の毒にも思ったYさんは運転手にいって女性の前でタクシーを止めてもらった。本人に事情を聞いてみようとドアを開けてもらうと、声をかける間もなく女性はスーッと乗りこんできてYさんの隣に座った。

その横顔を見て、Yさんはゾッとする。

異様に青白いのだ。

バサバサの髪は首筋にべったり張り付いている。

なぜか耳だけが血のように赤いのも不気味であった。

Yさんが呆然としたまま一分ほど経過しただろうか。

突然、女性は前屈みになって身体を「く」の字に曲げた。

その様子を見た運転手は彼女が酔っていると思ったらしい。

「お客さん、気分が悪いんじゃない？　吐くんなら外でやってよ」

少々厳しい口調でいった。

すると女性はうなだれたまま、何も言わずに車を降りた。

そばにある真っ暗な空き地の草むらにふらふらと入っていくので、そこで吐くのかと見ていたら、女性の姿がスーッと見えなくなった。

Yさんは震えあがる。女性の座っていた場所から少しでも離れようとしたか、あるいは眩暈でもしてよろめいたか。なにかの拍子に、さっきまで女性の座っていたシートに手をついた。

冷たい。

手をあげると、そこには長い髪の毛が数本だけ残されていたという。

女性が立っていたのは、現在「ヤマダデンキ」のある付近だろうか。近くにある高架をくぐると、低い擁壁《ようへき》があり、わずかばかりの草地がある。消えたのはこの場所か。

新聞記事になり、何度も警察が動くほど大きな騒ぎとなった、この事件。噂が広まる発端となることがあった。

次に掲げる、タクシー業界誌に掲載された運転手の体験談である。

七月某日の夜。厚木までの客を乗せて246を走行中のことだった。

つつじ橋付近に、着物姿の女性がひとりでぽつんと立っているのを見た。

女性は手を上げたが、客を乗せて賃走中だった。それにどうも気味が悪い。そのまま通りすぎようとしたが、客が面白がって女性を乗せることになった。

仕方がなく乗せると同区の中山駅まで送ったが、女性は礼も言わずにタクシーを降りると、スーッと駅の方へ歩いていってしまった。

終電はとっくに終わっていたというのに——。

この記事を読んだ長津田在住の会社員の男性は、自分も似たような体験をしていることを思い出した。タクシーで帰宅途中、午前一時すぎに、つつじ橋のところに一人で立っている女性がいた。手をあげているので車を止めてもらったが、女性は土手の草むらに入っていって、そのまま消えてしまったという。

別の日には、この男性の娘さんも同じような女性を目撃している。やはり午前一時頃、タクシーで従姉妹と二人で帰宅途中のことであった。

この従姉妹の父親は長津田商店街の理事であり、話はあっという間に広まったというわけだ。長津田駅前の交番に「２４６でお化けが出るって本当ですか」と問い合わせがくるほどだったという。

目撃の多い橋の辺りは当時、道路沿いの土手に雑草が茂り、近くにドライブインやボウリング場はあるが民家などはない。深夜は車が高速で飛ばしており、街灯もなく夜は真っ暗、日中でも人が歩いている姿を見ない寂しい場所だったという。

この女は何者なのか。

関連は不明であるが、気になる話がある。

新聞記事の出た昭和四十六年、現場付近で不審な行動をとる女性が目撃されている。

七月十三日午後二時頃。つつじ橋から約三百メートル先にあるボウリング場〈青葉台ボウル〉の従業員三人が、女幽霊の目撃される現場付近で三十歳ぐらいの女性を見ていた。

薄い色の半袖のサマーセーターに青いスカート。炎天下の中で、白い毛糸の靴下をはいていた。

女性は分厚い革の表紙の聖書を膝に置いて、じっと正座している。

体調でも悪いのかと声をかけたが返事はない。虚ろな目で地面の一点を見つめたまま動かない。しばらく見守っていると立ち上がって、どこかへ歩いていった。

警察は、轢き逃げ犯が現場に戻って懺悔でもしているのか、或いは新手の売春かと考えていたそうだ。

もう一点、四十一年の記事で女が土中から現れる姿が目撃されているのも興味深い。

〈魔の陸橋〉と呼ばれる場所だけに、轢き逃げの被害者であることは充分に考えられる。

加害者によって道路沿いのどこかに遺体を埋められていて、それを伝えるために車を止めるという強引なやり方をしているのではないか。

　246号沿いの長津田町に、霊の目撃情報が聞かれる〈西原遺跡〉があることにも注目したい。

横浜各地

動かすべからずの石

崇る石や石仏の話はどこの地域にもある。横浜も各地区に必ず二、三例はあった。神仏の霊験を伝える縁起や昔話の類まで、あげていけばきりがない。ここでは数ある〈崇る石〉から、近代の被害記録があるものを二例、紹介したい。

礎石

神奈川区の御殿町《ごてんちょう》は、将軍家の御殿があったことからついた地名であり、後に神奈川二丁目、神奈川本町、東神奈川一丁目となっている。

この地にある「崇る石」は、その御殿の門に使われていた二つの〈礎石〉である。

二石とも近代まで残されていて、住宅地の中の狭い路地の真ん中にあった。
完全に通行の邪魔になっていたそうだが、誰も取り除こうとはしなかった。
なぜなら、石を動かせば崇られると恐れていたからである。
しかし、ある商館の支配人Kという人物が、この石を動かしてしまう。
そして、その址に立派な邸宅を建てるという大胆なことをやってのけた。
——不吉なことがあるにちがいない。
近隣住人たちは豪邸を見上げながら囁きあった。
そんな彼らの予想は的中してしまう。
Kは邸宅をすぐに手放すこととなったのだ。
彼の身の回りで不幸が相次いだからである。
建てたばかりの豪邸を簡単に手放すほどの不幸とは——。
いったい彼になにがあったのだろう。

江戸時代の神奈川宿の様子を伝える文献「金川砂子」を見ると〈御門石〉とあり、道を挟んで置かれた〈礎石〉と酷似した二つの石が描かれている。おそらく同一の石である。

御殿町に現存しているかは確認できていないが、昭和五年の時点ではまだ同区内にあったことは確認している。

霊石

動かさずとも勝手に動く石もある。

磯子区峰町《みねちょう》の円海山護念寺《えんかいざんごねんじ》。その本堂から境内を囲う林道を三百メートルほど入った山の雑木林に、直径五十センチほどの紅葉が生えている。

その根のあたりには、直径二十センチほどの苔で覆われた石がある。形状から五輪塔の中央部である火輪のようであり、名のある人物の墓であった可能性が高い。

この石は勝手に居場所を変えるといわれ、昨日は山の上にあったかと思えば、今日は竹藪の中にある、といったことが度々あったそうだ。

人々はこれを〈霊石〉と呼んで、勝手に動かした者は必ず高熱を出して急死すると恐れ、誰も触れようとしなかった。

だが、どの時代にも必ず、祟りを恐れず禁忌に踏み込む愚《おろ》か者はいる。

石のある雑木林から北東に位置する一帯は、昔は萱場《かや》だったという。

ある日、萱を刈っていた男が、作業の邪魔だからと石を動かしてしまった。

すると直後に卒倒し、高熱を出して戸板で家まで運ばれていったそうだ。その後の安否は不明だという。

昭和のことである。

また、この石には、もう一つ興味深い話があった。

石のそばには、長さ三尺、胴回り一尺という奇妙な形状の蛇が棲みついていたというのである。これは〈ツト蛇〉という怪蛇で、通常の蛇のように這わず、ころころと転がって移動したといわれている。

〈ツト蛇〉は幻の蛇といわれる〈ツチノコ〉の別称である。

神奈川区・鶴見区

三つの池の女たち

いのちの池

昔はお産で亡くなる人が多かった。

母親が死んで子が残されても、母子共に死んでしまっても、その霊は決して浮かばれることはなく、血の池地獄に落ちると伝える土地もある。

〈産で死んだは血の池地獄　あとでたのむぞ川灌頂《かわかんじょう》〉

産死者には流れ灌頂、川供養、川灌頂、川施餓鬼《せがき》という供養が行われた。例えば、戒名を書いた白布を張って四十九日の間、通行人に水をかけてもらうなど。

そういった供養がなされなかったため、多くの被害がでてしまったこともある。

神奈川区師岡町《もろおかちょう》の熊野神社に、二つの池がある。

〈いの池〉と〈のの池〉である。

〈いの池〉は弁財天社を抱く池で、ここに棲む鯉は悉《ことごと》く片目であるという。よそから連れてきた鯉を池に入れても必ず左目が潰れて片目だけになってしまうらしい。その因縁から池の近くに住めば、人でさえも左目がわずかに小さくなるといわれていた。

〈のの池〉は水を浚うと雨が降るといって雨乞いに纏わる伝説がある。

この二つの池から三百メートルほど離れた港北区の大曽根《おおそね》という地に、「三つ目の池」があった。

〈ちの池〉である。

これら三つの池を合わせると〈いのちの池〉となるのだが、〈ちの池〉は命を奪う恐ろしい池だった。このような話がある。

この池のそばを巡礼中の女が通りかかった。

女は急に産気づき、その場で子を産み落としてしまう。

池の周りは人通りのない寂しい場所。助けを呼ぶ女の声は虚《むな》しく響き渡る。

子は、間もなく死んでしまった。
自らの血に染まり、死んだ我が子の亡骸を見て――。
女はおかしくなってしまい、血だらけの姿で池に飛び込んだ。
数日後、女が入水した池から、がぶがぶと血が噴き出した。
池の水は真っ赤に染まり、それから〈血の池〉とよばれるようになる。
巡礼女の霊は成仏せず、そばを通る妊婦を次々と血の池地獄に引きずり込んだ。

わたしの子はしんだのに
産ませるものか　恨めしい　恨めしい

怨みごとを吐きながら、血濡れの手を池から伸ばしたのか。
たくさんの妊婦が血の池の犠牲となったといわれている。
しばらく農耕貯水池として利用されていたが、昭和四十四年に埋められる。
理由は周囲が住宅地になったからで、子どもが溺れる危険性があるとのこと。
だが、本当に危険なのは子ではなく、その子たちを産む母親だったのだ。

現在、その場所は公園になっている。

この世に生まれてくるはずだった命をたっぷり呑み込んだ血の池地獄。

その上で、なにも知らない子どもたちは笑って遊んでいる。

三ツ池公園

〈ちの池〉から直線距離で三キロほど離れたところに〈三ツ池公園〉がある。

鶴見区内にある県立公園で、名の通り三つの池があり、休日は家族やカップル、スポーツを楽しむ人たちでにぎわっている。

この公園は横浜市でも屈指の〝出る〟場所だといわれている。

〝出る〟には二つの意味があるようだが――。

三つの池はそれぞれ、〈上の池〉〈中の池〉〈下の池〉という名がある。

細い形の〈上の池〉のそばには〈ジャンボすべり台〉という遊具がある。一九七一年に作られたもので、その下は広い砂場になっている。

ここは、とくに出るといわれている場所である。

公園内で首を吊った女性の霊が出るというのだ。

他にも男や少女の霊も目撃されており、いずれも公園内で自殺したか、殺害された人なのだといわれている。


出るといわれているのは霊だけではない。

『公園の雑木林で女性の死体が見つかったことがあるらしい』

こんな書き込みをネットでよく見かける。どうやら死体もよく〝出る〟という噂があるようで、心霊系の交流場にもかかわらず、どこでどのような死体が見つかったという情報が交わされているのが散見される。

これらがすべて根も葉もない噂ならよかったのだが、調べてみると事件も自殺も本当に見つかってしまう。

詳細は伏すが、〈中の池〉付近の山林で白骨死体が見つかっている。強盗殺人未遂を犯して逃走中、追い詰められての服毒自殺したとのことだ。また、未解決の殺人事件も起きており、報道された当時は公園内で変質者の目撃が頻発し、住民たちの間で不安が囁かれていた。

この公園で目撃されているものが、これら事故や事件に関わるものとは限らない。人が死んだ場所だから幽霊が出るという単純な話にしてはいけない。

だが、同じ市内の近い圏内にある二つの「三つの池」――そこに不幸な死を遂げた女性たちの記録があり、その場所では怪談になっているという事実をここに残しておく。

余談になるが、三ツ池公園からいくらも離れていない場所に〈二つ池〉もある。元は〈大溜池〉という一つの池だったこの場所にも、実は霊の目撃情報がある。

鶴見区

ブルボン

鶴見区の寺尾《てらお》地区は、鶴見川下流の西の台地上にある。

西寺尾、東寺尾、北寺尾があり、各町ではお化けの類の噂が近代まで語られていた。

同地区の射撃場があったあたりはよく〈狐火〉が灯ったといい、松林の下の細い道を通るのを頻繁に目撃されていた。北寺尾には〈ザックミ坂〉という怪しい名前の坂があり、ここでは〈アズキババア〉が出るといわれて怖がられていた。追剥ぎに殺された老婆のものらしき人魂が飛ぶという話もある。

夜中に出歩くべきではない場所だったようだ。

東寺尾には松蔭寺《しょういんじ》という寺がある。

ここの本尊は開帳されることはない。それを見ると、目が潰れるからだという。かつてはこの寺の領地が相当に広く、寺の尾に続く地なので、ここ一帯を寺尾というようになったという説もある。元々が寺だった土地なら、不思議なことが起こるのも頷けてしまう。

十年以上前のKさんの体験である。

その頃は結婚どころか交際相手もおらず、男四人で毎晩ファミレスに集まっていた。特になにをするでもなく、ダラダラと時間を潰して適当なところで解散するのである。

その日は、いつもと違った。

ファミレスを出るとRが「まだ時間あるか？」と訊いてきた。

今から付き合ってほしいところがあるという。

なんだと訊くと、会わせたい人がいるんだ、と。

まさか、彼女でもできたのかと一瞬血の気が引くが、どうもそういうわけでもないようで、彼の表情を見るかぎり、良い報告ではないようだ。みんな自分の車で、Rの車の後についていった。

この日のRは、初めから様子が少しおかしかった。

いやに無口だし、放っておくと視点も定まっていなくて、ぼんやりしている。

なにかトラブルにでも巻き込まれたのかと心配になる。

到着したのは、東寺尾の第二京浜沿いにある廃墟だった。

洋風な外観のカラオケボックスで〈ブルボン〉という店名がある。

駐車場入り口にトラロープが張られ、窓は軒並み割れており、奥にカラオケ機材がチラリと見える。

建物の脇に急な階段があり、そのあたりは鬱蒼とした松林であった。

Rはトラロープを跨いで入ろうとするので、Kさんたちは慌てて止めた。

普通に不法侵入だ。

やはり、この日のRは変だった。

いつもはおっとりとしていて、でもシレッと面白い突っ込みができるような付き合いやすい人間なのだ。だが、この時は怖いくらいに、人がまるで違っていた。もう廃墟しか見えていないかのように、Kさんたちの手を乱暴に振りほどいて強引に行こうとする。

どうしようかとKさんが仲間と顔を見合わせると、Rは急に力が抜けたようになって、抵抗しなくなった。そして、「眠いから」といって、呆然とするKさんたちを残し、Rは一人で先に帰ってしまった。

後日、Kさんは友人から、ゾッとするような報告をメールでもらった。

例のカラオケボックスの廃墟から、身元不明の遺体が発見されたという。

はじめは質の悪い冗談かと思ったが、検索するとネットニュースにもなっていた。

Kさんたちが行った後、すぐに廃墟は解体されたらしく、その作業中に上から死体が落ちてきたのだという。

何年ものあいだ廃墟のまま放置されていたのに、自分たちが見に行ってからすぐに解体されたのは、気持ちの悪いタイミングであった。

しかし、それよりも。

あの晩、Rはなぜ執拗に廃墟に入りたがったのか。

彼は、いったい誰に会わせようとしていたのか。

いくらでも不吉な想像ができてしまう。

あの日からだんだんとRとは疎遠になっていき、今は連絡先も知らない。だから、理由は聞けずじまいであるという。

他の二人とは今でも付き合いがあり、たまにこの話題も出る。

もしあの時、根負けしてRと一緒に廃墟に入っていたら——。

自分たちが、死体の第一発見者になっていたかもしれない。
あの時はRを止めて本当によかったな、という話になるそうだ。

鶴見区

ミミズ

鶴見区E町としておく。ここには不思議な力を持つ大行者がいた。

神前に供えた熱湯を掌《てのひら》の中で冷水に変える。来訪者が来る前にその心を読む。世界大戦の予言をするなど挙げたらきりがない。

特に人に憑いたキツネを落とすことが上手だった。

E町とその周辺の地域では、キツネの憑いた人がいる家は悪臭がするのですぐにわかるといわれていた。

大行者は憑かれた人の前で経文をあげ、背中を数珠で打って憑いたものを落としたとされている。が、これはまだ優しいやり方で、かなり過激なキツネ落としのやり方もあった。

キツネの憑いた人を大行者の前に座らせると、憑かれた人の体内にいるキツネが暴れまわり、皮下をずるずると動くのがわかる。ぶくぶくと皮を盛り上げながら体中を駆け巡るので、膨れているところに畳針をぶすりと刺し、憑いているものを落としたのだという。

これはクダギツネと呼ばれるものだろうか。

キツネというが、実際は寄生虫やミミズのような形の得体の知れぬものだろう。そういうものが体内に入り込んで、宿主である人間におかしな言動を起こさせるのだ。

こういった憑依現象が一種のヒステリー症であるという通説があるのは承知している。

だがそれだけでは済まされない「別のもの」が関わっている場合もあるのではないかと私は考えている。

なぜなら、身近にそういう人がいたからだ。


小学五年生の頃まで私は、このE町に住んでいた。

あの頃は私たち子どもに石を投げてくる大人が何人もいた。

なぜかはわからない。そういうものだと思って受け入れていた。

親友のゴンちゃんが新聞配達のおじさんの投げた石を眉間に受けた時もそうだ。

その人は私の家にも新聞を配達していた人だった。普段は温厚そうで時々私たち子どもに見せる笑みや優しげなアイコンタクトに勝手に子ども好きな人なんだと勘違いしていた。

彼は私たちを見るや、急に石を投げてきたのだ。怒っていたわけではない。だって私たちはなにもしていない。それに石を投げた後、彼は普通に笑ってそのまま配達仕事を続けていた。

公園にも〈石投げ魔〉がいた。これもゴンちゃんが被害に遭っている。新聞配達員に投げられた石の三十倍はある石を、すべり台の上から頭に落とされた彼は、鼻血を流しながら顔面蒼白になっていた。死んでいても不思議ではなかった。

犯人は七十歳くらいの普通のお婆さんだった。だが普通のお婆さんはそんなことはしないし、子どもが追い付けないくらいの速さで現場から姿を消したりもできない。

普通ではなかったのだ。

同じ町に住む同級生を執拗に追い回すバイクもいた。

見つかると必ず追いかけてくるのだが、まったく知らない人間なのだという。

一緒に帰っている時に私も遭遇して二人で逃げたことがある。

別に普通の人だった。だが、本当に追いかけてきた。

私はなんとか逃げ切ったが、それはバイクが同級生だけを狙っていたからだ。

結局、同級生はバイクにはねられて大変な怪我を負ったのだ。

彼らが攻撃してくる理由はわからないままだった。

でも今なら、もしかして――と思うことがある。

彼らは子どもに攻撃をしていたわけではないのではないか。

私たちには見えないものが見えていたのではないだろうか。

たとえば、ミミズのようなものとか。


私にとって、もっとも身近で大切だった女性について書いておかねばならない。

何の前触れもなかった。

ある日突然、彼女は変わってしまったのだ。

言葉遣いや行動が乱暴になり、目つきが鋭くなった。

目の下にくまができ、まばたきが少なくなった。

そして、ありえない勢いで痩せていった。

私は彼女が怖くなった。見た目がもう、知っている彼女ではなかったからだ。まったくの別人に変貌していったのだ。

ある日、自宅のトイレから叫び声が上がった。

私が駆けつけると、トイレの中で彼女は何かに怯えているように小さくなっている。

声をかけようとして、それが目に留まる。

トイレの床の四隅に、白い何かがある。

紙縒《こよ》り状に捩じり固めたトイレットペーパーだ。それがトイレの四隅の角のところにギュッと詰め込まれている。

「これ、なに?」

「出てくるから」

四隅からミミズのようなものが出てくるのだという。

気持ちが悪いので出てこないように詰め込んだのだというが、私には何も見えない。

彼女はそれからもどんどん痩せていき、誰が見ても深刻な状態だとわかった。

病院で診てもらうと栄養失調だと診断されたが、そんなはずないと誰もが疑った。食事は三食ちゃんととっていたからだ。

このままでは命にかかわるということで、彼女は遠いところにある病院で何年も入院することになった。

物書きになってから、各地の郷土資料を読む機会が増えた。

十年以上前になるか。自分の住んでいた町の名前を偶々見かけ、その時、かつてキツネ落としが行われていたという事実を知ったのだ。

そして、あの町ではミミズのようなものが人に憑くということも。


彼女がトイレの中で見て、怯えていたもの。

それは皮下を這いずる〝キツネ〟だったのではないか。

今はそう思っている。

鶴見区

蛍光黄色の生き物

私は奇妙な生き物を一度だけ見ている。

場所は先の話の舞台となったE町に差し掛かる跨線橋《こせんきょう》が近い国鉄団地のそば。

フェンス下にある小さな草むらのあたりに、蛍光黄色の、うにょうにょと動く生き物を見ている。

ミミズというほど長くはないが、蝶などの幼虫らしさはない。

はじめ見た時は寸詰まりで、動くとやや伸びたり縮んだりする。

どっちが頭か尻尾かわからない珍しい生き物だ。

今みたいに虫が苦手ではなかったので摘まんで掌にのせた。

だが、うっかり草むらの中に落としてしまい、そこからいくら探しても見つからなかった。

あの生き物の正体は今もわからない。

茄子

ヒステリー症状の一種とされる憑依とは別に、〈キツネ〉と呼ばれる人に憑く〝なにか〟があるらしい。その姿も、私たちの知るキツネとも違うようだ。

昭和三十九年に某民俗学会が発行したペライチの資料が手元にある。そこに港北区（現在は緑区）十日市場《とうかいちば》のこんな一例がある。

家で飼っている鶏《にわとり》が毎晩ひどく騒いだ。

あまりにうるさいので、その家の娘は原因を探ろうと夜になるのを待った。暗くなると鶏小屋がまた騒がしいので、娘は棒を持って向かった。そして、鶏小屋の怪しそうな箇所に検討をつけて棒で打つと、鶏の巣から茄子のようなものが落ちてきた。

拾おうとすると、それは消えてしまう。

娘には〈キツネ〉が憑いてしまい、色々なことを口走るようになったという。

管状《ミミズ》でもない。

茄子《なす》のようなものとは色なのか、形状を指しているのか。

その記述の隣に、このようなことが書かれている。

――〈キツネ〉に憑かれると飯を何人前食べても、ケロリとしていながら身体はだんだんと痩せてくる。

私はそういう人を身近に知っているので深く読み込んだ。これらは、とある山岳信仰講集団調査の際に得た情報なのだとある。その集団の指導者の名を見て驚く。

かつて私の住んでいた町で、キツネ落としをしていた、あの行者だった。

鶴見区

船首像

ほとんど情報のない、祟る像の話がある。
それは一家系を滅ぼし、関わる人々に悉く不幸をもたらした。
昭和十年発行の新聞で記事になっている話だ。

鶴見区潮田町《うしおだちょう》は、かつては漁師町であった。
ある日、潮田在住の漁師が一人で漁に出ると難破船を見つけた。
外国船であった。
その船首には見事な彫刻がほどこされている像がある。
漁師は像を苦労して船から取り外すと町に持ち帰った。
像は売りに出されるでもなく、漁師の家で珍蔵されていたが——。

どうやら、よい拾い物ではなかったらしい。

船首像を持ち帰ってからというもの、漁師の家で不幸や災禍が相次いだのだ。

家の人間が一人、また一人と死に、ついに彼の家系は死に絶えてしまう。

その後、船首像は同じ町内の別の家に引き取られるのだが、一つ所に定まらず、所有者を転々とした。像を所有した家はもれなく、病人が出るなどの不幸が降りかかったからだ。

船を所有していた白人の祟りであろうと恐れられ、船首像は潮田町内の寺に納められることとなった。


この像の正体はなんだったのか。一つの説がある。

約四百年前、栃木県佐野市の竜江院《りゅうこういん》に一体の像が納められた。

大正末期まで観音像と一緒に観音堂に安置されていた、頭巾を被った異人像。

〈カテキ様〉と呼ばれていた。

何者を模《かたど》った像なのか、初めはわからなかった。

カテキの意味は、カトリック教の教理を問答式に書いたカテキスムか、問答を行う者のカテキスタから来ているという説がある。また、中国の船の発明者とされる〈貨狄尊者《かてきそんじゃ》〉

のことだという説もあった。

だが、その正体はオランダ船〈リーフデ号〉の船尾飾である〈エラスムス像〉であると判明する。

同船は一六〇〇年に現在の大分県臼杵《うすき》市の黒島に漂着したが、船員は六人死亡、通訳により海賊船だと吹聴され、船長と船員は捕らえられた。

そして、なんらかの理由で、船尾像が臼杵城城主・太田一吉《おおたかずよし》の手に渡る。

その後は牧野成里《まきのしげさと》の息子・成純《しげすみ》によって、彼の菩提寺である龍江院に納められた、という流れがあったらしい。

デリウス・エラスムス・ロッテルダムスは、オランダの偉大なる人文学者である。

オランダ政府から買い取りの申し入れが来るほど、像は歴史的に貴重な物であった。

だが、竜江院の近くに住む人たちにとっては気味の悪い存在でもあった。

夜になると、この像を安置した観音堂から、ザッザッという音が聞こえてきたのだ。

小豆《あずき》を研ぐような音なので、像は〈小豆とぎ婆〉と呼ばれ、言うことをきかない子どもは「小豆とぎ婆がやって来るぞ」と脅かされたという。

また、像は夜な夜なムジナに化け、村のなかを歩きまわって「チャンピロリン、チャンピロリン」と歌い、人々を化かして害をなしたという話もある。化けている時に鉄砲で撃たれたため、像の腰にはその弾痕が残っているそうだ。

この〈カテキ様〉は船尾像であった。

ならば、船首像はどこにあるのかという問題が生じた。

そこで、潮田で見つかった祟る像に目を付けた研究家がいた。その像こそ、リーフデ号の船首像なのではないかと考えた彼は、さっそく寺の住職に問い合わせた。

だが、住職は像の祟りを恐れていたらしい。「お化けが寺に乗り移った」と悪評が広まることも危惧し、十年ほど前に本像を焼いて、寺の墓地に埋葬してしまったという。

許可をもらってシャベルで墓地から掘り出してみると、炭の固まりのような大頭と、人より少し小さい半焦げの胴体が見つかったそうである。

この潮田の祟る像が、リーフデ号の船首像という確証はない。だが、もしそうであるなら、一隻の外国船の船首像と船尾像が、約九十キロの距離を隔てた二つの土地で、怪異を起こす存在として恐れられていたというのは奇態なことである。

鶴見区

茹でたのに

鶴見区に矢向《やこう》という町がある。

ここでは昔、夜になると川から不気味な光を放つものが現れた。

正体がわからず、付近の住人は恐れをなし、黄昏時になると厳重に戸締りをして絶対に外には出歩かなかった。

あまりに人々が怖がるので、最願寺《さいがんじ》の住職が夜中に確かめに行った。

すると川から白衣の観音像が光を放ちながら現れた。住職はこれを持ち帰ると本像を寺の秘仏とした。もし、これを見れば目が潰れるといわれた。

その地は〈夜光〉と呼ばれ、〈矢向〉になった。

地名由来譚のひとつである。

この町で私は、今思い出しても鳥肌を禁じえない出来事を体験している。

今でこそ、こうして本に書き、イベントで話して飯の種にできるが、その不可解で理不尽な体験は生涯忘れることはない。だが、向き合うことができるようになった今、私は記憶が摩耗しきってしまう前に当時の疑問を少しでも解消できないかと考えた。

関係者はもう、ほぼ亡くなっているか所在がわからくなっているため、自分の記憶のみを頼りに、ある一軒の「家」を探して現地周辺を歩きまわった。

このあたりではないかと記憶をかすめる場所があり、マップアプリで周辺情報を確認するが、目ぼしい情報はない。

だが、近くに寺があり、そこにまつわる興味深い話を見つけた。

私の思い出にも通ずるものを感じたので、まず先にこの話を紹介しておきたい。

矢向に住んでいた、ある父子家庭の昔話である。


母を流行《はや》り病で早くに亡くした、十一歳になる子がいた。

その子は父と二人で馬方をしながら細々と暮らしていた。

だが、やはり母親がいないと、ままならぬことが多い。父は後妻をもらうことにした。

こうして、やって来た後妻は、鬼のような性格の女だった。

なんの理由もないのだが、ただ先妻の子というだけで極めて憎み、父の目のないところで陰湿で惨たらしい虐めを繰り返した。

このことを父にも言えなかった子は、毎日を怯えて泣きながら耐えていた。

ある冬の日。

子は父の帰りを待ちながら、飼馬の餌を煮るため、大釜に湯を沸かしていた。

その姿をしばらく見ていた後妻は、釜の具合を見ている子の背後にそうっと立つと、後ろからドンと背中を押した。

子はあっけなく、ぐらぐらと沸き返る大釜の中に落ちた。

「ひいいいい」

一声だけ悲鳴を上げたきりだった。

ぷかりと湯に浮かぶ。

こうして子は、茹で殺されてしまった。

邪魔な子を殺してすっきりした後妻は、煮えたぎる湯にぷかぷかと浮き踊る死骸をひきあげると土間の隅に投げ出し、納屋まで引きずって筵をかけた。

さて、この死骸をどう始末するか、そう考えていた時だった。
あっはっは。
笑い声が聞こえた。
それは、さっき茹で殺したはずの子の声だった。
そんな馬鹿なと、こんもりとしている筵を見る。
あっはっは。
不気味なくらい、明るい笑い声だった。後妻はゾッとする。
するとそこに、馬を引いて夫が帰ってきた。
後妻はぎょっとして、そして青褪める。
夫の隣には、たった今殺したばかりの子が笑いながら立っていた。
にこにこ。にこにこ。
後妻は震える手で筵を引き剥がす。
そこには、濡れてふやけた木像が横たわっていた。
矢向にある浄土宗・良忠寺《りょうちゅうじ》の本堂に、この木像が納められている。

これは〈身代わり地蔵〉と呼ばれており、なぜかその頭は真っ黒に変色している。

神仏の霊験を伝える奇跡譚なのだろうが、私には後妻が子に向けた悪意が恐ろしかった。

何度も地図で道を確認したが、おそらく間違いないと思った。

私が探している、悍《おぞ》ましい体験をしたその「家」は、この真っ黒な顔の木像が安置された寺の近くだと思われる。

次に読んで頂く話は、他社の雑誌や動画配信などでも発表しているが、ここに改めて（極力、新たに思い出せたことを入れて）文章にして残しておきたいと思う。

朧《おぼろ》げな部分もあるが、可能な限り記憶に忠実に書き起こしてみる。

鶴見区

ソーダ村

私の父は鶴見区矢向にあったプラスチック成型工場で働いていた。

当時、母は病院に長期入院しており、一人っ子の鍵っ子だった私は誰もいない家に帰るのが嫌で、よく学校帰りに父の働く工場へ遊びに行っていた。

倉庫なら出荷の時間まで人がほとんどいないので仕事の邪魔にもならない。結局一人なのは変わらないのだが、そばに父はいるし、仕事が終われば一緒に帰ることができるので退屈でも寂しくはなかった。

だが、一人でいる時間はそれほど長くはなかった。

いつの日からか、トキコさんという四十代半ばから後半くらいの女性が倉庫を出入りするようになったからだ。

誰なのかと訊くと、工場の社長の奥さんとのことだった。

背が高く細身で、外国人のように彫りの深い顔をしていた。とにかく陽気で冗談好き。いつも寡黙な社長とは正反対の性格の人だった。

私の母が入院していることを知っていて、努めて明るく振舞ってくれているのかもしれない。そう感じさせるほど、ちょっと大袈裟なくらいに明るく、声も大きく、動きも過剰だった。

引っ込み思案な私は、人見知りが激しく、陽の気を振りまく人間が昔から苦手だった。だが、不思議と彼女には、すぐに心を開いた。

トキコさんはいつも変わった遊びを提案してきた。

〈宝島〉はトキコさんの頭から白髪を一本見つけるたびに十円をもらえるという私には得しかない遊びだった。

「ぬーきぬき白髪、ぬき白髪」

私が夢中になって白髪をさがしているあいだ、トキコさんは自身の創作と思われる奇妙な歌を歌いながら菓子をぼりぼり喰っていた。おばさんの頭を掘り返しても楽しくはないが、懐が潤うので私は毎日この遊びをさせてもらい、最高で三百円を稼いだ。

よくわからなかったのがシャドーボクシングだった。トキコさんはふと思い出したかのように突然立ち上がると、虚空に向けて小刻みに拳を打ち込みだすことがあった。滑稽な動作に私は笑ったものだが、トキコさんはいたって真剣な表情だった。

遊びに飽きてくると私たちは社長宅へと移動した。工場から徒歩数分の場所にある平屋住宅で、お世辞にもきれいとはいえない古ぼけた印象のある佇まいだった。

玄関脇に物が散乱しており、その中に『宇宙戦艦ヤマト』のヤマトが真ん中から叩き折られた状態で置かれていたのが印象的だった。

トキコさんは母親のように私を甘えさせてくれた。好物だった目玉焼きを何枚も焼いてくれたし、耳掃除もしてくれた。

誰もいない自分の家にいるよりも幾倍も楽しかったが、トキコさんが一旦離れて他の部屋へ移動すると、私は妙に不安を覚えたものだった。

社長宅はいつ行っても誰もおらず、当たり前なのだが彼女が喋っていないと静かだった。玄関も廊下もトイレも、目玉焼きを食べたり遊んだりしている部屋も、どこもかしこも、なんだか暗くて怖い感じがあって、トキコさんが離れると、その暗さが強くなる気がした。

日が暮れて帰る時間になると、決まって和室に連れていかれた。

そこには仏壇があって、私と同い年くらいの男の子の写真が置かれていた。

印象に残りづらい、ごく普通の顔の子だった。

「今日も話してあげて」といわれ、私は仏前で正座をして手を合わせる。

煙の昇る線香を手渡され、それを香炉に立てると、今日遊んでくれたお礼を、トキコさんにではなく、なぜか写真の男の子に向けて伝えた。彼女にそうして欲しいと頼まれたからだ。

男の子の名前は聞かされていた。ここではシンジ君とする。

トキコさんは、私とシンジ君を遊ばせたかったんだなと、その時は思っていた。

ちょっと変わったところはあるけれど、私はトキコさんといる時間が好きだった。

あの時までは。


その日は、明らかにおかしかった。

いつもの時間に倉庫に現れたトキコさんは、何があったのか、ものすごい形相だった。

零《こぼ》れ落ちそうなほど目を見開き、まるで怒りを極限まで抑えているようだ。挨拶をしても返してくれず、いきなり例のシャドーボクシングを始める。

「しろうくんもやるよな」

いつもの優しい口調とは打って変わって、脅迫のような言い方だった。従わねばならない空気なので見様見真似でやって見せると、トキコさんは私の正面に立ち、拳を連続して打ち込んでくる。当たらぬように寸前で止めてはいたが、打ち込む速さと表情は遊びの範《はん》疇《ちゅう》を逸脱していた。私は恐怖を覚えた。

──彼女を怒らせるようなことをしただろうか。

いくら考えても心当たりはなかった。

三十分ほどスパーリングに付き合わされると、私たちは社長宅へ移動した。

いつも遊んでいる部屋の前を素通りし、腕を掴まれて仏壇の部屋に引っ張りこまれる。

部屋の真ん中には、組み立てて箱にした段ボールが置かれている。

箱は上がパカンと開いた状態になっていた。

「入りなよ」と背中を押される。

新しい遊びだろうか。不安を覚えつつ箱の中に入った。

すぐに蓋が閉じられ、ビイィッとガムテープを伸ばす音がした。

蓋が開かぬようにテープを貼っているのだ。

何が始まるんだろうと暗い箱の中で膝を抱えていると。

歌が聞こえてきた。

「ソーダー、ソーダー、ソーダー村の村長さんの、孝行息子が死んだそうだー、葬式饅頭うまそうだー」

初めて耳にする歌だった。

トキコさんは歌いながら、私の入っている箱の周りをドタドタと走りだした。

——あれ？

箱の周りを走っているのは、トキコさんだけじゃない。

どう考えても三、四人が走っている音がする。

家に入った時は、いつものように人がいる気配などまったくなかったのに。

トキコさんは「死んだーそうだー」の部分を何度も繰り返している。

厭な歌だ。

私は怖くてたまらなくなった。

何分くらい歌と足音を聞かされていたのだろうか。

すぽっ。
箱の外側から、何かが勢いよく突っ込まれた。
それがスッと抜けると、小さい孔《あな》があいてそこから光が入ってくる。
すぽっ。
また、別の場所から何かが突っ込まれた。
すぽっ。すぽっ。すぽっ。
あちこちから何かが突っ込まれる。
孔から入ってくる光で、突っ込まれている〝何か〟が円錐状の黒い物体だとわかった。
わかったけど、それが何かはわからない。初めて見るものだ。
あんなものが刺さったら痛いではすまない。
私は「やめて」と訴えたが止めてくれなかった。
耳元で「すぽっ」と聞こえ、肩に傷みが走った。
私は「痛い」と叫んで破裂するほど大声で泣き喚いた。
すると箱が分解されたように、左右前後の壁がパタパタと倒れた。
孔だらけの段ボールの上で私はネズミのように小さくなっていた。

そこには、トキコさんしかいなかった。

「おわり。すっきりした」

トキコさんは本当にさっぱりとした表情になっていた。

襖を開けると彼女は廊下に出て窓から庭に下りていった。すぐ部屋に戻って来た彼女の手には黒い物が握られている。箱を刺していた円錐の物体ではない。傷んで黒ずんだ枇杷《びわ》の実だ。

私はそれを握らされ、「おみやげ」と耳元で囁かれた。

号泣しながら帰った私は途中で枇杷を捨てた。

次の日は父の工場へは行かなかった。その次の日も。

父にも話せなかった。トキコさんに復讐されるのが怖かった。

誰にも言えぬまま数日が過ぎた頃の朝、自宅の電話が鳴った。

訃報だった。


国道で社長の轢死体が発見された。

詳しくは聞かせてもらえなかったが、自殺らしいとのことだった。

びゅんびゅんと車の行き交う道路に飛び込んだらしい。

私も通夜に参列した。父の陰からトキコさんの姿を目で探したが会場にはいなかった。

「しろうくん」

見知らぬ女性に声をかけられた。

泣き腫らした目で「来てくれてありがとう」といわれた。女性は父と少し話すと他の人の元へ行った。

「いまのひと、だれ?」と父に聞いた。

「礼子さん。社長の奥さんだよ」

私は首を横に振った。

「違うよ。社長の奥さんはトキコさんだよ」

父は怪訝な表情を見せた。

「誰のことといってるんだ?」


トキコさんは社長の奥さんではなかった。

それどころか、工場とも一切関係のない、どこの誰かもわからない人物だった。

私はそんな得体の知れない人物と遊んで、家にまで連れていかれていた。

それから私は、どんなに寂しくても父の工場へは遊びに行かなかった。

トキコさんの目的はなんだったのか。あんなに仲良くしてくれてたのに、急に箱にとじこめて私をいじめたのはなぜなのか。

多かった足音は誰のものだったのか。

もし、あれがシンジ君のお化けだったとしても数が合わないのだ。

私が中学生になる頃に父は工場を辞めている。十年ほど前に見に行くと工場はなくなっていた。倉庫のあった場所は駐車場になっている。

かすんだ記憶を辿って、あの古ぼけた平屋もさがしてみたのだが、見つけることはできなかった。

参考文献

『朝日新聞』昭和六十一年七月十六日朝刊／昭和六十二年三月二十六日朝刊／昭和六十二年三月三十日朝刊／平成元年四月十三日朝刊／平成元年四月十四日朝刊／平成元年四月十五日朝刊／平成元年六月七日朝刊／平成三年十月二十五日朝刊／平成四年八月二十一日朝刊／平成五年十一月二十七日朝刊／平成二十二年五月十一日朝刊／令和二年七月三十一日朝刊／令和四年四月二十三日朝刊

『東京朝日新聞』明治二十六年五月六日朝刊／明治三十一年六月一日朝刊／明治四十五年八月十九日朝刊／昭和三年九月十五日朝刊／昭和五年三月十六日朝刊／昭和五年九月十五日

『読売新聞』昭和九年五月二十日／昭和十年八月二十四日／昭和十一年六月七日／昭和四十六年八月十五日／昭和四十八年五月二十日

『青葉台周辺の歴史と自然』横浜市立青葉台中学校

『旭区郷土史』旭区郷土史刊行委員会

『お三の宮とおさんの伝説』早川茂男

『角川日本地名大辞典　14　神奈川県』（KADOKAWA）

『神奈川県史　民俗』（神奈川県）

『神奈川県の民話と伝説』萩坂昇（有峰書店）

『神奈川地域史研究』第三・四合併号　神奈川地域史研究会編

『神奈川の伝説』永井路子他（角川書店）
『神奈川の民俗』相模民俗学会編（有隣堂）
『神奈川ふるさと風土図　横浜編』萩坂昇（有峰書店新社）
『神大寺三十話』横浜市立南神大寺小学校『関東怨念地図』平成十七年度版G・H・M研究所（コア・アソシエイツ）
『関東近郊 幽霊デートコースマップ　お化けに見られてメイクラブ!!』幽霊探検隊編（リム・ユナイト）
『郷土つるみ』第六十三号〜第六十五号／第七十号〜第七十八号　鶴見歴史の会
「恐怖!!　ここにゆうれいがでる」『週刊少年キング』一九六六年三十五号（少年画報社）
『恐怖と怪奇の幽霊体験』室生忠（グリーンアロー出版社）
『グラフィック西――目で見る西区の今昔』西区郷土史研究会（西区観光協会）
『こうなんの歴史散策』馬場久雄（港南歴史協議会）
『国道２４６号線西原遺跡――国道２４６号線拡幅事業に伴う埋蔵文化財発掘報告書――』（国道２４６号線西原遺跡調査団）
「ここへ行けば幽霊に会えるぞ！」『週刊読売』（読売新聞東京本社）
『港北区史』港北区郷土史編さん刊行委員会
『港北百話　古老の話から』（港北区老人クラブ連合会）
『佐伯市談』百五十四号
「死者が続々 横浜に襲いかかった鎌倉武士のタタリ」『週刊現代』二十八（講談社）
『週刊少年マガジン』一九七三年三十五号（講談社）

参考文献

『小学五年生』一九八一年九号（小学館）
『心霊界の驚異』有馬純清（萬里閣書房）
『心霊写真』小池壮彦（宝島社）
『第四の世界』田中千代松（講談社）
『田奈の郷土史』「田奈の郷土史」編集委員会
『地図と地形で楽しむ 横浜歴史散歩』都市研究会編（洋泉社）
『鶴見花月園秘話』齋藤美枝（鶴見区文化協会）
『鶴見の坂道』鶴見歴史の会（横浜市鶴見図書館）
『ディープ横浜』（畸人研究学会）
『都市ヨコハマ物語』田村明（時事通信社）
『とちぎの文化財』栃木県文化協会
『生麦むかしばなし』山崎忠三郎（横浜市教育会館）
『新羽史』新羽史編集委員会（２３０クラブ出版社）
『日本怪談実話 全』田中貢太郎（桃源社）
『幕末 写真の時代』小沢健志（筑摩書房）
『ハマ線地名あれこれ「横浜篇」』相澤雅雄（２３０クラブ出版社）
『屏風浦物語』（横浜市立屏風浦小学校）
『不思議な雑誌』十三号（ＫＫ相互日本文芸社）

『復刻　仮名読新聞』（明石書店）

『ふるさと戸塚』　郷土戸塚区歴史の会（戸塚区老人クラブ連合会）

『保土ヶ谷区史』　編集部会

『保土ヶ谷めぐり』　横浜郷土史研究會

『保土ヶ谷ものがたり』（保土ヶ谷区制五十周年記念事業実行委員会）

『街なかひと仲はまの中──中区ふるさと白書』（横浜市中区役所区政推進課）

『まぼろしの末吉大池』『続』　小宮精一

『水辺からのレポート　横浜帷子川をゆく』　川とみず文化研究会編

『横浜緑区史』（緑区史刊行委員会）

『六浦文化研究』　第二号　六浦文化研究所

『明治期怪異妖怪記事資料集成』　湯本豪一（国書刊行会）

『ものがたり西区の今昔』（西区観光協会）

『横浜市釜利谷開発地区文化財研究調査報告書』横浜市文化財研究調査会

『横浜関係新聞記事年表稿（明治二十八年～明治三十二年）』横浜開港資料館

『ヨコハマ公園物語』　田中祥夫（中央公論新社）

『横浜　港北の地名と文化』　財団法人大倉精神文化研究所編

『横濱・作家の居る風景』（横浜市中区役所福祉部）

『横浜市文化財調査報告書』　横浜市教育委員会

参考文献

『横浜中区 解体新書』中区こだわり探検隊（横浜市中区役所）

『横浜の坂』小寺篤（経済地図社）

『横濱の史跡と名勝』栗原清一（横濱郷土史研究會）

『横浜の伝説』（横浜市図書館）

『横濱の傳説と口碑 中区・磯子区』（横濱郷土史研究會）

『横濱の傳説と口碑 神奈川区・鶴見区・保土ヶ谷区』（横濱郷土史研究會）

『横濱文書目録（一）長光寺文書』横浜市文化財研究調査会

『横濱ものがたり』徳澤節子

『横浜物語』瓜生卓造（東京書籍）

『霊怪の研究』高橋五郎（嵩山房）

『わがまち矢向・江ヶ崎』矢向・江ヶ崎冊子作りの会

『わたしの横浜』横浜市

「星川杉山神社」ホームページ

「5ちゃんねる（旧・2ちゃんねる）」

★読者アンケートのお願い

本書のご感想をお寄せください。アンケートをお寄せいただきました方から抽選で10名様に図書カードを差し上げます。
（締切：2023年5月31日まで）

応募フォームはこちら

横浜怪談

2023年5月5日　初版第1刷発行

著者……………………………………………………………………………… 黒 史郎
デザイン・DTP ………………………………………… 荻窪裕司（design clopper）
企画・編集 …………………………………………………………………… Studio DARA

発行人………………………………………………………………………… 後藤明信
発行所……………………………………………………………………… 株式会社 竹書房
〒102-0075　東京都千代田区三番町８－１　三番町東急ビル６F
email：info@takeshobo.co.jp
http：//www.takeshobo.co.jp
印刷所…………………………………………………………… 中央精版印刷株式会社